Planet@ 1

Libro de referencia gramatical: fichas y ejercicios

Matilde Cerrolaza
Óscar Cerrolaza
Begoña Llovet

GRUPO DIDASCALIA, S.A.
Plaza Ciudad de Salta, 3 - 28043 MADRID - (ESPAÑA)
TEL.: (34) 914.165.511 - FAX: (34) 914.165.411

Primera edición: 1998
Primera reimpresión: 1999
Segunda reimpresión: 2000
Tercera reimpresión: 2001
Cuarta reimpresión: 2002

© Matilde Cerrolaza, Óscar Cerrolaza, Begoña Llovet.

© Edelsa Grupo Didascalia, S.A., Madrid 1998.

Dirección y coordinación editorial: Departamento de Edición de Edelsa.
Diseño de cubierta: Departamento de Imagen de Edelsa.
Fotocomposición: Francisco Cabrera Vázquez y Susana Ruiz Muñoz.
Fotomecánica: Clas, S.A.
Imprenta: Pimakius.
Encuadernación: Perellón, S.A.

ISBN: 84-7711-222-3
Depósito legal: M-256-2002

Impreso en España.
Printed in Spain.

Introducción al Libro de Referencia Gramatical de Planet@ 1

Somos conscientes de que la experiencia de aprender una lengua extranjera es vivida de modos distintos por las diferentes personas, y que hay alumn@s y profesores que, en el proceso de adquisición de un idioma, requieren un momento de reflexión consciente y analítico sobre las estructuras de la lengua que están aprendiendo. Este momento puede ser complementario al desarrollo normal de la clase y servir de una gran ayuda tanto para docentes como para aprendientes.

En este contexto, y dentro de los materiales de Planet@ 1, nace este Libro de Referencia gramatical, dirigido a todas aquellas personas que busquen satisfacer esta necesidad.

El libro está confeccionado en torno a 60 fichas independientes para realizar de forma autónoma, con el objetivo de que cada persona seleccione las que quiere trabajar.
Cada una de estas fichas presenta una imagen con una muestra de lengua que ejemplifica y contextualiza la estructura o tema gramatical que se va a estudiar.
A continuación un esquema gramatical claro y sencillo en el que, con unas explicaciones tangibles y concretas, se explican y deducen las reglas gramaticales. Hemos tenido en cuenta, fundamentalmente dentro de las posibilidades del nivel, variables diatópicas para que quien lo desee pueda profundizar en ellas.
Por último ofrecemos una selección de ejercicios estructurales, cerrados y muy dirigidos, para afianzarse y tomar confianza en el tema estudiado.

Las fichas están agrupadas y programadas de acuerdo a la progresión que se plantea en el Libro del Alumno. Al final de cada bloque de fichas de cada uno de los siete temas de Planet@ 1 presentamos una ficha cuyo objetivo es la afianzación de la pronunciación y de la grafía.

Se incluyen las Claves de los ejercicios de este Libro de Referencia gramatical, las Claves de los ejercicios de la sección *En autonomía* y de la *versión Mercosur* del Libro del Alumno de Planet@ 1. Esto refuerza el papel del estudiante como sujeto activo de su aprendizaje, al permitirle controlar autónomamente su progresión, solucionar sus dudas y corregir posibles errores.

Deseamos que este material sea una ayuda más en ese proceso tan maravilloso que es descubrir una lengua.

Mucha suerte.

Los autores

Libro de referencia gramatical

índice

TEMA 1

Ficha 1: El abecedario 5
Ficha 2: Pronombres personales (1): pronombres sujeto 6
Ficha 3: Usos del pronombre sujeto (2) 8
Ficha 4: El presente regular 10
Ficha 5: Gentilicios (masculino y femenino) 12
Ficha 6: Los números cardinales 14
Ficha 7: La familia y las profesiones: el género 16
Ficha 8: Verbos irregulares (1): HACER, SER y TENER 17
Ficha 9: Los pronombres interrogativos (1) 19
Ficha 10: Pronunciación y ortografía (1): sonidos [k] y [θ]; la sílaba y el acento 21

TEMA 2

Ficha 11: Los adjetivos-el género y el número 22
Ficha 12: El artículo 24
Ficha 13: Preposiciones compuestas 26
Ficha 14: La comparación 27
Ficha 15: Contracciones AL, DEL 28
Ficha 16: Preposiciones con verbos de movimiento 29
Ficha 17: HAY, ESTÁ, ESTÁN 31
Ficha 18: Verbos irregulares (2): SEGUIR, GIRAR, IR 33
Ficha 19: Pronunciación y ortografía (2): sonidos [G] y [X]; acentuación de palabras agudas 35

TEMA 3

Ficha 20: Adjetivos y pronombres deícticos 37
Ficha 21: GUSTA/GUSTAN 39
Ficha 22: El verbo "gustar" y los pronombres 41
Ficha 23: El verbo "parecer" 44
Ficha 24: Pronombres interrogativos (2): QUÉ, CUÁL 46
Ficha 25: Pronombres personales (3): pronombres acusativos 47
Ficha 26: Pronunciación y ortografía (3): grafías "h" y "ch"; acentuación de palabras esdrújulas 48

TEMA 4

Ficha 27: La hora 49
Ficha 28: Las expresiones de tiempo 50
Ficha 29: Presentes irregulares (1): -GO 52
Ficha 30: Presentes irregulares (2): O → UE 54
Ficha 31: Presentes irregulares (3): E → IE 56
Ficha 32: Presentes irregulares (4): E → I 59
Ficha 33: Presentes irregulares (5): verbos especiales 61
Ficha 34: Presentes irregulares (6): repaso 63
Ficha 35: Verbos reflexivos 65
Ficha 36: ESTAR + gerundio (1): en presente 67
Ficha 37: Futuro: IR A + infinitivo 70
Ficha 38: Pronunciación y ortografía (4): sonidos [R] y [R̄]; acentuación de palabras llanas 72

TEMA 5

Ficha 39: El pretérito perfecto 73
Ficha 40: Usos del pretérito perfecto 76
Ficha 41: ESTAR + gerundio (2): en perfecto 79
Ficha 42: El indefinido regular 80
Ficha 43: El indefinido irregular: IR, TENER y HACER 83
Ficha 44: Usos del indefinido 85
Ficha 45: Contraste perfecto/indefinido 87
Ficha 46: Expresión de la impersonalidad con SE 90
Ficha 47: Pronunciación y ortografía (5): acentuación de monosílabos y de pronombres y adverbios interrogativos 91

Claves del Libro de Referencia 92
Claves de "En autonomía" (*Libro del Alumno*, Planeta 1) 100

Planet@ 1

EL ABECEDARIO

tema 1

Y, ¿cómo se escribe?

Jota, i, eme, e, ene, e, zeta. Jiménez

A, a	a	J, j	jota	R, r	erre	**La** a	
B, b	be	K, k	ka	S, s	ese	**La** be	
C, c	ce	L, l	ele	T, t	te	**La** ce	
Ch, ch	che	LL, ll	elle	U, u	u	....	
D, d	de	M, m	eme	V, v	uve		
E, e	e	N, n	ene	W, w	uve doble		
F, f	efe	Ñ, ñ	eñe	X, x	equis		
G, g	ge	O, o	o	Y, y	i griega		
H, h	hache	P, p	pe	Z, z	zeta		
I, i	i	Q, q	cu				

Ficha 1

1. Responde:

¿Cómo se escribe tu nombre? ....
¿Y tu apellido? ....

2. Lee estas palabras:

1. casa
2. queso
3. cesto
4. chopo
5. colcha
6. llave
7. clave
8. España
9. gente
10. guerra
11. águila
12. agüero
13. jefe
14. joven

En español sólo se duplica:
- la C (*acción*) y se pronuncia como K+Z
- la N (*innato*) y se pronuncia como dos enes
- la R (*perro*) y se pronuncia como una erre fuerte
- y, claro, la L (*lluvia*)

3. Lee estas palabras españolas:

1. idea
2. líder
3. alcohol
4. capital
5. regular
6. normal
7. habitual
8. Europa

aplicación

– 5 –

Libro de referencia gramatical

Ficha 2

PRONOMBRES PERSONALES (1): PRONOMBRES SUJETO

tema 1

	♂	♀
	YO	
Informal	TÚ *	
Formal	USTED	
	ÉL	ELLA

* En Argentina, Uruguay, Paraguay y otros lugares de Hispanoamérica:

VOS

	♂+♂ ♂+♀	♀+♀
Yo + tú (+ tú...) Yo + usted (+ usted...)	NOSOTROS	NOSOTRAS
Tú + tú (+ tú...) Usted + usted (+ usted...)	**	**
Él + él (+ él...)	ELLOS	
Ella + ella (+ ella...)		ELLAS

** En casi toda España:

		♂+♂ ♀+♀ ♂+♀
Tú + tú (+ tú...)	Informal	VOSOTROS VOSOTRAS
Usted + usted (+ usted...)	Formal	USTEDES

En Hispanoamérica y parcialmente en algunas regiones de España VOSOTROS/VOSOTRAS ha desaparecido.
Sólo se usa USTEDES.

aplicación

1. Encuentra el español:

ich, I, io, yo, je
tú, du, you, tu
Sie, usted, you, lei, vous
he, er, él, il, lui
elle, ella, sie, she, lei
nosotros, wir, we, nous, noi
ustedes, ihr, you, vous, voi
ils, sie, loro, they, ellos

Planet@ 1

2. Di la persona:

a)

b)

c)

d)

e)

f)

aplicación

Libro de referencia gramatical

USOS DEL PRONOMBRE SUJETO (2)

tema 1

Ficha 3

¿Quién es María?
Soy yo

- Es necesario utilizar el pronombre:

Para identificar personas.	¿Quién es Jaime? Soy **yo**. ¿**Tú** eres Jaime? No, **yo** soy Enrique.
Cuando son varias personas.	¿Cómo se llaman ustedes? **Yo** Juana. Y **yo** María.
Para mostrar acuerdo o desacuerdo (también/tampoco).	Este verano voy a Hawai. **Yo también**. No tengo coche. **Yo sí**.
Cuando hay varios sujetos.	Manuel estudia y **yo** trabajo.

- En los demás casos no es necesario el pronombre.

aplicación

1. Contesta a las preguntas:

1. ¿Cómo se llaman ustedes?   *Yo me llamo Elena y ella María.*
2. ¿Quién es John? (Yo) ....
3. ¿Cómo os llamáis? (Juan, Pepe, María) ....
4. ¿Qué hacen ustedes? (María: abogada; yo: estudiante) ....
5. ¿De dónde sois? (Juan: EE.UU; yo: Australia) ....

6. ¿De dónde son? (Él: Brasil; Ella: Noruega) ....
7. ¿Qué haces tú? (médico) ....
8. Tú eres Carmen, ¿no? (Alicia) ....
9. ¿Dónde viven ustedes? (Makiko: Tokio; Sebastián: Berlín) ....
10. ¿Hablan ustedes inglés? (yo: no; Pepe: sí) ....

2. Completa con los pronombres adecuados en caso necesario:

1. ......*Yo*........ me llamo Sancho y .....*Yo*...... soy de Texas.
2. ......*Yo*........ soy profesor y María abogada.
3. ...*Nosotros*... vivimos en Italia y ellos en Francia.
4. Juan es de Bolivia y ....*Yo*....... soy de Uruguay.
5. ¿Quién es Antonio? Soy ....*Yo*......... .
6. ......*Yo*........ me llamo Susana.
7. ......*Yo*........ me llamo Antonio y mi mujer, Ana.
8. ......*Yo*........ vivo en la calle Toledo. ¿Y tú?
9. ¿Eres Óscar? No,.............*Yo*............. soy César.
10. ¿Quién es Guillermo? Es..........*Él*............... .

3. Contesta:

1. Yo soy de España.   *Yo no / yo también.*
2. Estudio español en la universidad. ....
3. Trabajo en un banco. ....
4. Vivo en Buenos Aires. ....
5. Hablo italiano. ....
6. Soy profesor. ....
7. Vivo sola. ....
8. Soy brasileña. ....
9. Hablo tres idiomas. ....
10. No hablo inglés. ....

Libro de referencia gramatical

Ficha 4

PRESENTE REGULAR

tema 1

¿Estudia?

No, trabajo en una empresa

	- AR trabajar, estudiar, hablar	- ER beber, leer, comer	- IR escribir, vivir, subir
(Yo)	trabaj **o**	beb **o**	escrib **o**
(Tú *)	trabaj **as**	beb **es**	escrib **es**
(Usted)	trabaj **a**	beb **e**	escrib **e**
(Él/ella)	trabaj **a**	beb **e**	escrib **e**
(Nosotros/as)	trabaj **amos**	beb **emos**	escrib **imos**
(Ustedes **)	trabaj **an**	beb **en**	escrib **en**
(Ellos/as)	trabaj **an**	beb **en**	escrib **en**

* En Argentina, Uruguay, Paraguay y otros lugares de Hispanoamérica:

(Vos)	trabaj **ás**	beb **és**	escrib **ís**

** En casi toda España:

Informal	(Vosotros/as)	trabaj **áis**	beb **éis**	escrib **ís**
Formal	(Ustedes)	trabaj **an**	beb **en**	escrib **en**

aplicación

1. **Separa la raíz de la terminación:**

viv **imos**	estudi/as	trabaj/amos	le/en
com/emos	viv/o	trabaj/a	escrib/es
beb/emos	escrib/e	sub/es	com/e
viv/en	habl/o	habl/an	sub/ís
estudi/an	beb/es	le/o	le/es

– 10 –

2. Ahora di la persona:

1. vivimos *nosotros/as*
2. comemos ....
3. bebemos ....
4. viven ....
5. estudian ....
6. estudias ....
7. vivo ....
8. escribe ....
9. hablo ....
10. bebes ....
11. trabajamos ....
12. trabaja ....
13. subes ....
14. hablan ....
15. leo ....
16. leen ....
17. escribes ....
18. come ....
19. subís ....
20. lees ....

3. Responde:

1. ¿Estudias o trabajas? ....
2. ¿Dónde vives? ....
3. ¿Cuántas lenguas hablas? ....
4. ¿Qué bebes normalmente? ....
5. ¿Lees mucho? ....

4. Ordena las frases y pon el verbo en la forma correcta:

1. comer / días / en / los / (nosotros) / restaurante / todos / un
....

2. español / Caracas / de / en / estudiar / la / universidad / (yo)
....

3. ¿Bilbao / en / en / o / San Sebastián / ustedes / vivir?
....

4. cinco / hablar / lenguas / Miguel
....

5. días / el / leer / los / periódico / todos / (yo)
....

5. Relaciona:

beber — un zumo de naranja
trabajar   cuatro idiomas
estudiar   medicina
hablar   en San José de Costa Rica
leer   el nombre y los apellidos
comer   en una empresa
escribir   muchas tortillas
vivir   el periódico

Ahora escribe frases:
   Todas las mañanas bebo un zumo de naranja para desayunar.

....
....
....
....

aplicación

Libro de referencia gramatical

Ficha 5

GENTILICIOS (MASCULINO Y FEMENINO)

tema 1

¿De dónde son ustedes?
*Yo soy **francesa***
*Y yo **alemán***

Terminación	♂	♀	
-o / -a	italian**o**	italian**a**	Italia
-ol / -la	español	español**a**	España
-és / -esa	ingl**és**	ingl**esa**	Inglaterra
-a	belg**a**	belg**a**	Bélgica
-í	marroqu**í**	marroqu**í**	Marruecos
-e	canadiens**e**	canadiens**e**	Canadá

aplicación

1. Relaciona: ♂

Argelia   mexicano
Argentina   argentino
Francia   uruguayo
Irlanda   venezolano
Italia   paraguayo
Japón   francés
México   italiano
Nigeria   irlandés
Paraguay   polaco
Polonia   japonés
Turquía   turco
Uruguay   argelino
Venezuela   nigeriano

2. Escribe el femenino:

1. mexicano ....
2. argentino ....
3. uruguayo ....
4. venezolano ....
5. paraguayo ....
6. francés ....
7. italiano ....
8. irlandés ....
9. polaco ....
10. japonés ....
11. turco ....
12. argelino ....
13. nigeriano ....

Planet@ 1

3. Agrupa estos gentilicios según sus terminaciones (ver ficha 5):

tunecino	canadiense	estadounidense	senegalés	escocés
finlandés	iraquí	iraní	paquistaní	danés
mongol	japonés	irlandés	inglés	
tailandés	español	costarricense	nicaragüense	

¿Puedes decir de qué país son?

1. tunecino   *de Túnez*
2. finlandés ....
3. mongol ....
4. tailandés ....
5. canadiense ....
6. iraquí ....
7. japonés ....
8. español ....
9. estadounidense....................
10. iraní ....

11. irlandés ....
12. costarricense ....
13. senegalés ....
14. paquistaní ....
15. inglés ....
16. nicaragüense ....
17. escocés ....
18. danés ....
19. chino ....
20. noruego ....

Forma el femenino:

1. tunecino   *tunecina*
2. finlandés ....
3. mongol ....
4. tailandés ....
5. canadiense ....
6. iraquí ....
7. japonés ....
8. español ....
9. estadounidense....................
10. iraní ....

11. irlandés ....
12. costarricense ....
13. senegalés ....
14. paquistaní ....
15. inglés ....
16. nicaragüense ....
17. escocés ....
18. danés ....
19. chino ....
20. noruego ....

4. Transforma:

1. Soy de Alemania.   *Soy alemán.*   *Soy alemana.*
2. Soy de Holanda. ....
3. Soy de Estados Unidos. ....
4. Soy de Argentina. ....
5. Soy de Perú. ....
6. Soy de Australia. ....
7. Soy de Brasil. ....
8. Soy de Italia. ....
9. Soy de Europa. ....
10. Soy de ....
            (tu país)

aplicación

Libro de referencia gramatical

Ficha 6

LOS NÚMEROS CARDINALES

tema 1

Uno, dos, tres, cuatro

1. uno	11. once	30. treinta	400. cuatrocientos
2. dos	12. doce	40. cuarenta	500. quinientos
3. tres	13. trece	50. cincuenta	600. seiscientos
4. cuatro	14. catorce	60. sesenta	700. setecientos
5. cinco	15. quince	70. setenta	800. ochocientos
6. seis	16. dieciséis	80. ochenta	900. novecientos
7. siete	17. diecisiete	90. noventa	1.000. mil
8. ocho	18. dieciocho	100. cien	
9. nueve	19. diecinueve	200. doscientos	
10. diez	20. veinte	300. trescientos	

21, 22…	= veint**i**uno, veint**i**dós…
31, 32…	= treinta **y** uno, treinta **y** dos…
100, 101, 102…	= cien, cien**to** uno, cien**to** dos…
201, 202…	= doscien**to**s uno, doscien**to**s dos…
1.001, 1.002…	= mil uno, mil dos…

1 **el** uno
2 **el** dos
3 **el** tres
…
el + número

aplicación

1. Escribe estos números en letra:

1. 5 ....
2. 7 ....
3. 15 ....
4. 24 ....
5. 46 ....
6. 78 ....
7. 102 ....
8. 157 ....
9. 541 ....
10. 555 ....
11. 9.107 ....
12. 9.241 ....
13. 9.504 ....

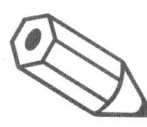

– 14 –

Planet@ 1

2. Escribe estos números:

1. Cincuenta y uno ....
2. Noventa y siete ....
3. Cien ....
4. Ciento cuarenta y dos ....
5. Quinientos trece ....
6. Setecientos ochenta y uno ....
7. Mil novecientos noventa y dos ....
8. Cinco mil quinientos quince ....

	La corona ♀	El euro ♂
1	una corona	un euro
200	doscientas coronas	doscientos euros
300	trescientas coronas	trescientos euros
400	cuatrocientas coronas	cuatrocientos euros
500	quinientas coronas	quinientos euros
600	seiscientas coronas	seiscientos euros
700	setecientas coronas	setecientos euros
800	ochocientas coronas	ochocientos euros
900	novecientas coronas	novecientos euros

3. Escribe estas cantidades:

1. 300 libras ....
2. 400 euros ....
3. 500 coronas ....
4. 700 soles ....
5. 800 dólares ....
6. 614 libras ....
7. 221 rublos ....
8. 957 coronas ....

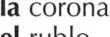

la corona
el rublo
el sol
el dólar
la libra
el euro

	El coche ♂	La bicicleta ♀
1 uno	**un** coche	**una** bicicleta
21 veintiuno	veinti**ún** coches	veinti**una** bicicletas
31 treinta y uno	treinta y **un** coches	treinta y **una** bicicletas

4. Completa:

1. Yo tengo .... (31) años y Elena .... (21)
2. Quiero .... (1) pincho de tortilla, por favor.
3. Oiga, por favor, ... (1) cerveza y .... (1) café con leche.
4. ¿Cuántos hermanos tienes? Yo .... (1).
5. Pues yo tengo .... (1) hermano y (3) hermanas.

– 15 –

Libro de referencia gramatical

Ficha 7

LA FAMILIA Y LAS PROFESIONES: EL GÉNERO

tema 1

	![hombre]	![mujer]
Especiales	el hombre el padre el actor	la mujer la madre la actriz
-o / -a	el alumno el tío el hermano el hijo	la alumna la tía la hermana la hija
-ista	el dentista el artista	la dentista la artista
-ante	el estudiante el cantante	la estudiante la cantante
-or/-a	el doctor el profesor	la doctora la profesora

aplicación

1. Escribe el femenino:

1. marido ....
2. hermano ....
3. doctor ....
4. actor ....
5. aspirante ....

2. Escribe el masculino:

1. abogada ....
2. madre ....
3. hija ....
4. turista ....
5. profesora ....

3. Habla de tu familia y di sus profesiones:

....
....
....
....
....

– 16 –

Planet@ 1

VERBOS IRREGULARES (1): HACER, SER Y TENER

tema 1

Y tú, ¿qué haces?

Soy vendedor. Tengo una frutería

Ficha 8

	HACER	SER	TENER
(Yo)	ha**go**	**soy**	**ten**go
(Tú *)	haces	**eres**	**tie**nes
(Usted)	hace	**es**	**tie**ne
(Él/ella)	hace	**es**	**tie**ne
(Nosotros/as)	hacemos	**somos**	tenemos
(Ustedes **)	hacen	**son**	**tie**nen
(Ellos/as)	hacen	**son**	**tie**nen

* En Argentina, Uruguay, Paraguay y otros lugares de Hispanoamérica:

(Vos)	hac**és**	**sos**	ten**és**

** En casi toda España:

Informal	(Vosotros/as)	hacéis	**sois**	tenéis
Formal	(Ustedes)	hacen	**son**	**tie**nen

aplicación

1. Identifica la persona:

1. Hace   *Usted / Él / Ella*
2. Soy .... Yo
3. Somos .... Nosotros/as
4. Tienes .... Tú
5. Tienen .... Ustedes / Ellos/as
6. Haces .... Tú
7. Hacen .... Ustedes / Ellos/as
8. Es .... Usted/Él/Ella
9. Tengo .... Yo
10. Tenemos .... Nosotros/as

– 17 –

Libro de referencia gramatical

2. Completa las preguntas:

1. ¿Qué ......*hacer*...... ustedes?
   Somos profesores.
2. ¿De dónde ......*Son*...... ellos?
   De Manila.
3. ¿Cuántos años ......*Tienes*...... tú?
   Treinta y cinco.

3. Mira estas tarjetas y explícalas:

```
        Alberto Gala Lobo
            Abogado

C/ Santa Cruz, 3
Sevilla
```

Se llama Alberto Gala Lobo y es abogado. Tiene su oficina en la calle Santa Cruz. Vive en Sevilla.

```
Dentistas

    Carmen Suárez y José Martín

                C/ Serrano, 14. Madrid
                Tel. 913 156 418
```

Se llaman Carmen Suárez y José Martín y son Dentistas. Tienen su oficina en la calle Serrano 14. Viven en Madrid. Su número de teléfono es

```
         Antonio Gutiérrez
         Clases de alemán

C/ Montanilla Alta, 20. Oviedo
```

4. Contesta:

1. ¿De dónde eres? ....
2. ¿Qué haces? ....
3. ¿Cuántos años tienes? ....

5. Confecciona tu propia tarjeta y explícala:

```
SEAT EXPEDITOR

FRANCO EPAMINONDAS

C/ SPRINGWELL. 27  NORTHAMPTON
```

aplicación

PRONOMBRES INTERROGATIVOS (1)

tema 1

¿*Cómo* se llama?
¿*Dónde* vive?
¿*Qué* hace?

¿**Qué** haces?
¿**Qué** estudias?
¿**Qué** es esto?
¿**Qué** significa "jurista"?

¿QUÉ...?

¿**Dónde** vives?
¿**Dónde** hay un restaurante?

¿DÓNDE...?

¿**De dónde** eres?

¿DE DÓNDE...?

¿**Cómo** te llamas?
¿**Cómo** estás?
¿**Cómo** se escribe?

¿CÓMO...?

Libro de referencia gramatical

1. **Completa con "qué", "dónde" y "cómo":**

   1. ¿ .... estudias?
   2. ¿ .... está Chicago?
   3. ¿ .... se llama?
   4. ¿ .... hace usted?
   5. ¿ .... estás?
   6. ¿De .... son ustedes?
   7. ¿ .... significa "origen"?
   8. ¿ ......Cómo.................... se dice en español *job*?
   9. ¿ .... se escribe "zarza"?
   10. ¿ .... tal estás?

2. **Haz la pregunta:**

   1. ...¿De Dónde eres?......... De Madrid.
   2. ...¿Cómo te llamas?........ Miguel López.
   3. ...¿Qué haces?................ Estudio medicina.
   4. ...¿Dónde está tu país?... Sevilla está al sur de España.
   5. ...¿Dónde vives?............. En Barcelona, vivo en Barcelona.
   6. ...¿Cómo estás?.............. Muy bien, gracias.
   7. ...¿De Dónde son tus padres? Somos de Guatemala.
   8. ...¿Cómo se escribe tu apellido? Ge, a, ele, i, ene, de, o. Galindo.
   9. ...¿Cómo se dice "hola" en tu...: Se dice *hello*.
   10. ..¿Cómo se llama ella?... Ana, ella se llama Ana.

3. **Contesta:**

   1. ¿Cómo te llamas?
   ....
   2. ¿De dónde eres?
   ....
   3. ¿Dónde vives?
   ....
   4. ¿Cómo estás?
   ....
   5. ¿Qué haces?
   ....
   6. ¿Cómo se dice "hola" en tu idioma?
   ....
   7. ¿Qué tal estás? ¿Cómo se llama ella?
   ....
   8. ¿Dónde está tu país?
   ....
   9. ¿Cómo se escribe tu apellido?
   ....
   10. ¿De dónde son tus padres?
   ....

aplicación

Planet@ 1

PRONUNCIACIÓN Y ORTOGRAFÍA (1): SONIDOS [K] Y [θ]; LA SÍLABA Y EL ACENTO

tema 1

Ficha 10

Sonido [K]	ca co cu que qui
Sonido [θ]	za zo zu ce ci

1. **Pronuncia estos nombres:**

   Enrique   Quique
   Carlos   Cintia
   César   Zaira
   Carmen   Zacarías
   Cosme   Zósimo

2. **Hay un intruso en cada serie. Encuéntralo:**

   1. César, Cicerón, Carmen, Cintia, Zaira.
   2. Cosme, Celso, Carlos, Quique, Queca.
   3. Zulema, Zaira, Cintia, Celestina, Quiroga.

3. **Divide estos nombres en sílabas:**

   César   Elena   Pilar
   Óscar   Jorge   Matilde
   Enrique   Alberto   Ana
   Carlos   Alfredo   Asunción
   Miguel   José   Alicia
   Guillermo   Begoña   Carmen
   Olga   Maruja   Amparo

   Ahora pronúncialos y colócalos según el acento:

2. (--)´-	1.(--)-´
César	Pilar

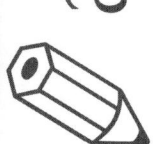

aplicación

– 21 –

Libro de referencia gramatical

Ficha 11

LOS ADJETIVOS: EL GÉNERO Y EL NÚMERO

tema 2

Quiero una falda verde, un jersey amarillo y una blusa también amarilla

		♂	♀	♂+♂ / ♂+♀	♀+♀
Guapo, simpático	-o / -a	guap**o** simpátic**o**	guap**a** simpátic**a**	guap**os** simpátic**os**	guap**as** simpátic**as**
Interesante, amable	-e	interesant**e** amabl**e**		interesant**es** amabl**es**	
Genial, audaz, marrón, gris	-l -z -n -s	geni**al** aud**az** marr**ón** gr**is**		geni**ales** aud**aces** marr**ones** gr**ises**	
Conservador	-r / -ra	conservador	conservadora	conservadores	conservadoras

aplicación

1. Pinta estos colores:

gris   negro
azul   morado
verde   rojo
rosa   naranja
amarillo   blanco

2. Escribe con lógica:

1. El mar   es azul.
2. La noche .... es negra ....
3. El campo .... es verde ....
4. La nube .... es blanca ....
5. El sol .... es amarillo ....
6. La canción ....

Ponlos en plural:
   Los mares son azules.

– 22 –

Planet@ 1

3. **Piensa en :**

   1. Algo negro: La noche es negra.
   2. Algo gris: El cielo es gris
   3. Algo verde: El campo es verde
   4. Algo azul: El mar es azul
   5. Algo naranja: La naranja es naranja
   6. Algo rosa: El vino es rosa
   7. Algo rojo: El autobús de Londres es rojo
   8. Algo amarillo: El sol es amarillo
   9. Algo blanco: La nieve es blanca (snow)
   10. Algo marrón: La tierra es marrón

4. **Escribe adjetivos terminados en:**

-s	-e	-l	-a	-o/-a
Rojos	Elegante		Moderna	Corta
Blancas	Grande			
Reciclados				
Negros				
Modernos				
Emocionants				

5. **¿Qué puedo regalarle a mi mejor amigo/a?**

   1. un... zapatos roj...
   2. un... flores blanc...
   3. un... falda cort...
   4. un abrigo elegant...
   5. un... cuadernos reciclad...
   6. un... gafas negr...
   7. un... bolígrafos modern...
   8. un... libros emocionant...
   9. un disco compacto de música modern...
   10. un... bicicleta grand...

Libro de referencia gramatical

Ficha 12

EL ARTÍCULO

Tengo **un** coche y **una** moto

Muy grande

Y, ¿cómo es **la** moto?

tema 2

Artículo + sustantivo

	♂ Primera presentación (Indeterminado)	♂ Segunda presentación (Determinado)	♀ Primera presentación (Indeterminado)	♀ Segunda presentación (Determinado)
SINGULAR	UN	EL	UNA	LA
	niño / coche / árbol / autobús		niña / mujer / ciudad / torre	
PLURAL	UNOS	LOS	UNAS	LAS
	niños / coches / árboles / autobuses		niñas / mujeres / ciudades / torres	

- Terminan en -A, pero son masculinos: el *mapa*, el *problema*, el *cura*.
- Terminan en -O, pero son femeninos: la *mano*, la *moto*.
- Este sustantivo parece plural, pero no lo es: el *rascacielos*.

aplicación

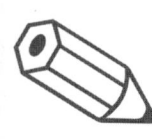

1. Añade el artículo y pon los sustantivos en plural:

1. ...El.......... hombre — unos/los hombres
2. ...La.......... mujer — unas/las mujeres
3. ...El.......... señor — unos/los señores
4. ...El.......... viaje — unos/los viajes
5. ...La.......... casa — unas/las casas
6. ...El.......... buzón — unos/los buzones
7. ...La.......... ración — unas/las raciones
8. ...La.......... ciudad — unas/las ciudades
9. ...El.......... árbol — unos/los árboles
10. ...La.......... tortilla — unas/las tortillas

Planet@ 1

2. Completa con "un/una/unos/unas" o con "el/la/los/las":

1. ¿Tienes coche? Sí, tengo ......**un**...... coche bastante bueno.
2. Mi coche es japonés. Ah, pues ......**el**...... mío es americano.
3. ¿Hay ..**una**.. farmacia por aquí? Sí, ...**la**...... farmacia más cercana está a la derecha.
4. ¿Dónde está ......**la**...... biblioteca? En la calle Balmes.
5. En mi ciudad hay ....**unos**.... bares muy buenos en el centro.
6. ¿Hay ...**una**..... cabina de teléfonos por aquí cerca?
7. ¿Dónde está ......**la**...... cabina de teléfonos más próxima?
8. Hay ..**unos**..... libros encima de la mesa.
9. ...**Las**...... discotecas mejores están fuera de la ciudad.
10. ¿Dónde está ...**la**..... calle Toledo? Al lado de la Plaza Mayor.

Yo soy profesor.	SER + Ø + profesión	Informar
Yo soy **un** profesor de la escuela Lenguas.	SER + un/-a + profesión	Identificar
Yo soy **el** profesor.	SER + el/la + profesión	Señalar

¡Buenos días, señora Pérez!	Ø + señor/señora	Saludar/hablar con él/ella
Le presento a **la** señora Pérez.	El/la señor/señora...	
Esta es **la** señora Pérez.		Presentar/hablar de él/ella

3. Completa con el artículo o con Ø:

1. **Buenos Días**. Señor Torres, ¡buenos días! Le presento a .**la**.... señora Domínguez.
2. Yo soy ..**el**... camarero en un restaurante.
3. ¿Quién es ...**el**... señor Benítez?
4. Y tú, ¿qué haces? Yo soy ..**la**.. empleada de banco.
5. ¿Quién es .**el**.... profesor de esta clase?
6. .**Hola**.. Señor Máiquez, ¿cómo está usted?
7. Te presento a ...**el**... señor Martínez.
8. Soy ..**la**... ingeniera.
9. Soy .**el**.... ingeniero jefe de mi departamento.
10. ¿Conoces a .**la**.. señora Rupérez?

Libro de referencia gramatical

PREPOSICIONES COMPUESTAS

tema 2

Ficha 13

Detrás de...
Al lado de...
Encima de...
Delante de...
Dentro de...
Debajo de...

aplicación

1. El Sr. Cabeza Loca es bastante desordenado. Aquí tienes algunos ejemplos del desorden de su casa. Por favor, ordena tú las cosas rellenando los huecos correspondientes:

La lámpara del Sr. Cabeza Loca está ...DEBAJO... de la mesa.
Debe estar ...ENCIMA... de la mesa.

La silla del Sr. Cabeza Loca está ...DELANTE... de la mesa.
Debe estar ...DETRÁS... de la mesa.

El libro del Sr. Cabeza Loca está ...ENCIMA... de otro libro.
Debe estar ...AL LADO... del otro libro.

2. Ordena y escribe las frases:

1. de / encima / un / hay / la / libro / mesa
   Hay un libro encima de la mesa
2. ventana / delante / hay / de / sillón / la / un
   Hay un sillón delante de la ventana
3. de / encima / hay / la / tele / fotografía / una
   Hay una fotografía encima de la tele
4. cuadro / de / detrás / hay / la / puerta / un
   Hay un cuadro detrás de la puerta

– 26 –

Planet@ 1

Ficha 14

LA COMPARACIÓN

tema 2

Pedro   Juan

MÁS .... QUE
MENOS .... QUE
TAN .... COMO

Pedro es **más** alto **que** Juan.
Pedro es **menos** simpático **que** Juan.
Juan es **tan** feo **como** Pedro.

1. Completa con los comparativos:

1. Sonsoles es .... alta .... Matilde.
2. Alfonso es .... elegante .... Juan.
3. María y Félix son .... simpáticos .... José y Elena.
4. La vida en Madrid es .... cara .... en Segovia.
5. El avión es .... rápido .... el barco.

2. Compara a estas dos personas:

Antonio Muscles	Pepe Tiríllez
Edad: 28 años	Edad: 28 años
Peso: 75 kilos	Peso: 61 kilos
Altura: 1'80 metros	Altura: 1'72 metros
Estudios: medios	Estudios: superiores
Idiomas: inglés	Idiomas: inglés, alemán e italiano

Antonio es más alto que Pepe.

aplicación

Libro de referencia gramatical

CONTRACCIONES "AL", "DEL"

tema 2

Ficha 15

Al lado del supermercado hay una farmacia

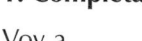

A + EL = **AL**
DE + EL = **DEL**

aplicación

1. Completa:

Voy a
- el campo ....
- el supermercado ....
- la estación ....
- el teatro ....
- el ministerio ....
- la plaza ....

Vengo de
- el mercado ....
- la escuela ....
- el trabajo ....
- la panadería ....
- el cine ....
- la biblioteca ....

– 28 –

Planet@ 1

Ficha 16 — PREPOSICIONES CON VERBOS DE MOVIMIENTO 2

*Pues yo al trabajo voy **en coche***

*¿Ah, sí? pues yo voy **a pie***

IR + EN	coche, autobús, avión, tren
IR + A	pie, caballo

1. ¿Cómo vas a tu trabajo o a tu lugar de estudios?

1. Juan vive en el campo, así que va a la escuela .... bicicleta.
2. María es de la Pampa argentina y va a trabajar .... caballo.
3. En Madrid, lo mejor es moverse .... metro.
4. En Sevilla no hay metro, así que hay que ir .... autobús.
5. Brasil es tan grande, que hay que ir de una ciudad a otra .... avión.

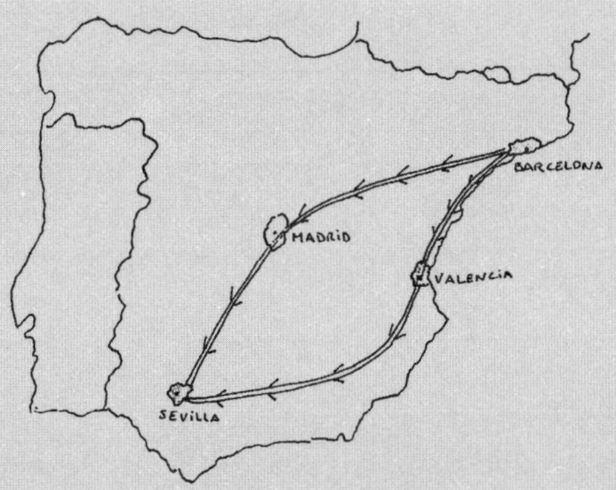

Ir a ⟶	Ir **a** Sevilla **Dirección**
Ir de ⟶ a	Ir **de** Barcelona **a** Sevilla **Origen** ⟶ **Destino**
Ir por	Ir **por** Madrid **Vía**
Ir en	Ir **en** coche **Medio**

– 29 –

Libro de referencia gramatical

2. Lee el texto y marca en el plano:

Yo todos los días hago el mismo camino. Del banco al Ayuntamiento voy por el parque y luego giro a la izquierda. Allí entrego unos papeles. Entonces, del Ayuntamiento giro a la izquierda otra vez, luego a la derecha y allí está la biblioteca.

3. Completa:

1. Yo paseo todos los días una hora .... el parque.
2. Yo voy .... trabajar .... metro.
3. .... Madrid .... Barcelona hay 600 kilómetros.
4. Para ir al mercado hay que pasar .... la Plaza Mayor.
5. Y tú, ¿cómo vas .... tu casa?
6. Yo .... la escuela .... mi casa voy .... metro; es más cómodo.
7. Cuando voy .... trabajar, paso .... tu casa.
8. Yo voy a trabajar .... bicicleta. ¿Y tú?
9. Yo todos los fines de semana voy .... campo y corro .... el campo unas dos horas.
10. ¿Vamos .... tomar una copa?

aplicación

Planet@ 1

HAY, ESTÁ, ESTÁN

tema 2

Ficha 17

Hay + un..., una..., unos..., unas..., nombres en plural
El..., la... + está...
Los..., las... + están...
¿Está + el..., la...?
¿Están + los..., las...?

Hay un libro encima de la mesa.

El libro de la señora Verbigracia está encima de la mesa.

Hay (unos) libros encima de la mesa.

Los libros de la Sra. Verbigracia y del Sr. Fold están encima de la mesa.

– 31 –

Libro de referencia gramatical

1. Relaciona:

¿Dónde   hay   las pirámides de Chichén-Itzá?
             está   un banco por aquí?
             están   el Museo del Prado?
                    una farmacia?
                    la casa de El Greco?

Escribe las frases:
....
....
....
....
....
....

2. Rellena los huecos con "hay", "está" y "están":

La biblioteca .... muy cerca del museo. Ahora mismo, en el museo .... una exposición sobre los grabados de Goya. Al lado del museo .... el Jardín Botánico. En el Botánico siempre .... muchas personas paseando. Más adelante .... un centro comercial. Dentro .... muchas tiendas muy elegantes. El Hotel España y el Hotel América .... muy cerca el uno del otro.

3. Hemos ordenado la casa del Sr. Cabeza Loca y no encuentra nada. Su mujer le ayuda: rellena los huecos con "hay", "está" y "están":

1. Por favor, ¿dónde .... la lámpara?
   Mira, está encima de la mesa.

2. ¿Y dónde .... mi silla?
   Pues detrás de la mesa.

3. ¿Dónde .... mis libros?
   En la estantería.

4. ¿Y un cenicero...? ¿Dónde .... un cenicero?
   En la mesa.

5. ¿Dónde .... mis gafas?
   En la estantería.

6. ¿Y dónde .... un plano nuevo de la habitación?

aplicación

Planet@ 1

VERBOS IRREGULARES (2): SEGUIR, GIRAR, IR

2 tema

Sigues todo recto unos cien metros y allí *giras* a la derecha

	Seguir	Girar	Ir
(Yo)	sigo	giro	voy
(Tú*)	sigues	giras	vas
(Usted/él/ella)	sigue	gira	va
(Nosotros/as)	seguimos	giramos	vamos
(Ustedes **)	siguen	giran	van
(Ellos/as)	siguen	giran	van

* En Argentina, Uruguay, Paraguay y otros lugares de Hispanoamérica:

(Vos)	seguís	girás	vas

** En casi toda España:

Informal	(Vosotros/as)	seguís	giráis	vais
Formal	(Ustedes)	siguen	giran	van

Ficha 18

aplicación

1. Estás en la Plaza de la Luna. Unas personas te preguntan cómo ir a la panadería, a la farmacia y al estanco. Pon las formas correspondientes de los verbos "ir", "girar" y "seguir":

1. Por favor, ¿para ir a la panadería?
   Mire, (seguir) .... todo recto, luego (girar) .... a la derecha. A 20 metros está la panadería.

2. Por favor, ¿cómo voy a la farmacia?
   Pues (girar) .... a la izquierda, (seguir) .... todo recto unos cien metros, y después (ir) .... hacia el otro lado, cruzando la calle. Allí está la farmacia.

– 33 –

Libro de referencia gramatical

3. Perdone, ¿hay un estanco por aquí cerca?
   Sí. Mire, (seguir) .... todo recto 100 metros, (girar) .... por la tercera calle a la derecha y luego (girar) .... otra vez a la izquierda. Allí está el estanco.

4. ¿La calle Atocha?
   Sí. Mira, (ir) .... todo recto unos cien metros y (girar) .... la quinta calle a mano derecha. Esa es la calle Atocha.

5. ¿La oficina de correos?
   Bueno, a ver... (Seguir) .... todo recto y, al final de la calle, (girar) .... a la izquierda. Al lado de la cabina hay una oficina.

aplicación

2. Aquí hay siete formas de estos verbos; encuéntralas:

S	E	G	U	I	M	O	S	P
V	T	I	X	H	W	P	R	O
R	O	R	M	I	Ñ	Q	S	T
R	V	A	S	C	O	G	T	E
U	A	B	I	I	D	I	E	K
F	G	H	G	Y	J	R	K	Ñ
L	M	V	O	R	N	A	Ñ	H
O	P	A	Q	Y	S	N	T	R
U	V	N	X	J	Z	A	B	D

Escribe las formas. ¿Qué persona es?
Ej. Van (ellos)

....
....
....
....
....
....

Planet@ 1

Ficha 19

PRONUNCIACIÓN Y ORTOGRAFÍA (2): SONIDOS [G] Y [X]; ACENTUACIÓN DE PALABRAS AGUDAS

tema 2

Sonido [G]	ga
	gue
	gui
	go
	gu
		G + a
		     o
		     u
		
		GU + e
		       i

Sonido [X]	ja
	ge
	je
	gi
	ji
	jo
	ju
		j + a
		    e
		    i
		    o
		    u
		
		g + e
		    i

1. Pronuncia estos verbos:

SEGUIR   FINGIR
COGER   PROTEGER
PERSEGUIR   DIRIGIR
ELEGIR

2. Marca cuál de ellos es fuerte [X] y cuál es suave [G].

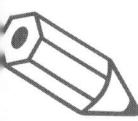

aplicación

3. Forma las tres primeras personas (recuerda la pronunciación):

	SEGUIR	COGER	PERSEGUIR	ELEGIR
Yo	sigo			
Tú	sigues			
Usted/él/ella				

4. Divide estas palabras en sílabas:

metro	coche	buzón	calle
taxi	árbol	café	plaza
autobús	balcón	mesón	central
avión	banco	jardín	ciudad

– 35 –

Libro de referencia gramatical

aplicación

Pronúncialas y clasifícalas según el acento:

2. (--)́--	1.(--)-́
árbol	

¿Te has fijado en las palabras del grupo 1? Escribimos el acento cuando la palabra termina en...

Todas estas palabras son del grupo 1. Pon el acento en caso necesario:

salud	marfil	despues	jamas	jabali	cantar
comparacion	virtud	jardin	principal	ojala	reloj

– 36 –

ADJETIVOS Y PRONOMBRES DEÍCTICOS

¿Esas?, ¿estas? — *Estas*

	Cerca de la persona que habla	Lejos de la persona que habla
Singular	**este** ♂ **esta** ♀	**ese** ♂ **esa** ♀
Plural	**estos** ♂ + ♂, ♂ + ♀ **estas** ♀ + ♀	**esos** ♂ + ♂, ♂ + ♀ **esas** ♀ + ♀

1. Completa:

1. Estas naranjas
2. .... melón
3. .... tomates
4. .... cebolla
5. .... peras

2. Completa:

1. Esos plátanos
2. .... lechuga
3. .... uvas
4. .... huevo
5. .... ajos

Adjetivos	Pronombres
¿Me pones **este** melón? ¿Me pones **esta** lechuga? ¿Me pones **estos** plátanos? ¿Me pones **estas** uvas?	¿Me pones un melón? ¿Cuál?, **este**? ¿Me pones una lechuga? ¿Cuál?, **esta**? ¿Me pones unos plátanos? ¿Cuáles?, **estos**? ¿Me pones unas uvas? ¿Cuáles?, **estas**?
¿Me pones **ese** melón? ¿Me pones **esa** lechuga? ¿Me pones **esos** plátanos? ¿Me pones **esas** uvas?	¿Me pones un melón? ¿Cuál?, **ese**? ¿Me pones una lechuga? ¿Cuál?, **esa**? ¿Me pones unos plátanos? ¿Cuáles?, **esos**? ¿Me pones unas uvas? ¿Cuáles?, **esas**?

Libro de referencia gramatical

3. **Pídele al dependiente mirando la imagen:**

¿Me pones naranjas de estas?

Planet@ 1

Ficha 21

GUSTA / GUSTAN

tema 3

A mí me gusta la música clásica, me gusta viajar y me gustan los deportes. ¿Y a ti?

Singular	Plural
Me gusta + Plácido Domingo / el arroz / la lechuga / viajar	**Me gustan** + los Beatles / los huevos / los deportes

aplicación

1. Relaciona:

Me gusta

Me gustan

- el mar
- los amigos
- el cine
- pasear
- montar en bicicleta
- jugar al ping-pong
- la pintura
- la música
- los parques
- los museos

2. Responde con "me gusta/n" o "no me gusta/n":

1. El pescado — *Me gusta el pescado.*
2. Julio Iglesias ....
3. Escuchar música ....
4. Los pueblos ....
5. La Coca-Cola ....
6. Ir al cine ....
7. Las Spice Girls ....
8. La música tecno ....
9. Las patatas ....
10. Los perros ....
11. El fútbol ....
12. Mozart ....

Libro de referencia gramatical

Me gusta	muchísimo mucho bastante un poco	*la música* *el cine*	+
No me gusta	mucho nada	*la música* *el cine*	−

3. Contesta con "muchísimo", "mucho", "bastante", "un poco", "no mucho" o "nada":

1. El rock ....
2. El pop ....
3. La música clásica ....
4. El heavy metal ....
5. Las películas cómicas ....
6. Las películas románticas ....
7. La literatura de ciencia-ficción ....
8. La literatura de aventuras ....

EL VERBO "GUSTAR" Y LOS PRONOMBRES

Ficha 22 — tema **3**

A mí me gusta mucho el fútbol, pero *a él no le gusta* nada. Y *a ti*, ¿*te gusta*?

A	mí	me	
A	ti *	te	
	usted		
A	él	le	gusta / gustan
	ella		
A	nosotros/as	nos	
	ustedes **		
A	ellos	les	
	ellas		

* En Argentina, Uruguay, Paraguay y otros lugares de Hispanoamérica:

A vos te gustá.

** En casi toda España:

Informal	**A vosotros/as os gusta.**
Formal	**A ustedes les gusta.**

aplicación

1. Completa:

1. A Begoña .... gustan los huevos fritos con patatas.
2. A Alejandro .... gusta la comida italiana.
3. A .... me gusta la carne.
4. A Renata y a mí .... gusta ir al campo.
5. ¿A ti .... gusta la comida vegetariana?
6. A .... nos gusta viajar.
7. ¿A vosotras .... gusta la paella?

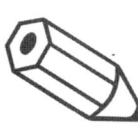

Libro de referencia gramatical

2. **Forma la frase:**

1. María / gustar / chocolate
   A María le gusta el chocolate.
2. Juan / gustar / jugar al fútbol
   ....
3. yo / gustar / ir al cine
   ....
4. nosotros / gustar / pasear por el campo
   ....
5. Antonio y María / gustar / cine
   ....
6. ¿ustedes / gustar / música jazz?
   ....
7. yo / no / gustar / tomates
   ....

Para mostrar acuerdo	
A mí me gusta/n	A mí A ti A usted A él / ella A nosotros/as A vosotros/as A ustedes A ellos/as } + también
A mí no me gusta/n	A mí A ti A usted A él / ella A nosotros/as A vosotros/as A ustedes A ellos/as } + tampoco

3. **Expresa acuerdo:**

1. Me gusta el melón. (Elena)   *A Elena también.*
2. Me gusta muchísimo la música. (Yo) ....
3. Me gusta el cine francés. (Nosotros/as) ....
4. No me gusta la televisión. (Juan) ....
5. Me gusta el flamenco. (María y yo) ....
6. No me gusta el golf. (Yo) ....

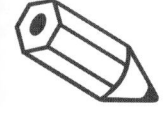

Para mostrar desacuerdo		
A mí me gusta/n	A mí A ti A usted A él / ella A nosotros/as A vosotros/as A ustedes A ellos/as	+ no
A mí no me gusta/n	A mí A ti A usted A él / ella A nosotros/as A vosotros/as A ustedes A ellos/as	+ sí

4. Expresa desacuerdo:

1. Me gusta el chocolate. (Elena)   *A Elena no.*
2. Me gusta muchísimo la música. (Yo) ....
3. Me gusta el heavy metal. (Nosotros/as) ....
4. No me gustan las películas románticas. (Juan) ....
5. Me gusta el teatro. (María y yo) ....
6. No me gusta leer. (Yo) ....

5. Reacciona con tus gustos:

1. A mí me gusta el fútbol. ....
....
2. A mí me gusta mucho el café. ....
....
3. A mí no me gusta el golf. ....
....
4. No me gusta la música disco. ....
....
5. Me gusta cocinar. ....
....
6. No me gusta la comida china. ....
....
7. Me gusta muchísimo el cine. ....
....
8. No me gusta leer. ....
....
9. No me gusta ver la televisión. ....
....
10. Me gustan los fines de semana. ....
....

Libro de referencia gramatical

Ficha 23

EL VERBO "PARECER"

tema 3

¿*Te gusta* Whoopi Goldberg?

Sí, *me parece muy divertida*

Whoopi Goldberg		interesante / divertida	♀
Woody Allen	me parece	interesante / divertido	♂
Las clases de español	me parecen	interesantes / divertidas	

aplicación

1. Completa con la lista:

    aburrido(s) / aburrida(s)   relajante(s)
    interesante(s)   bueno(s) / buena(s)
    divertido(s) / divertida(s)   malo(s) / mala(s)

1. No me gusta *Titanic*. Me parece una película ....
2. Me gusta mucho leer. Me parece ....
3. ¿Te gustan los hermanos Marx?
   Sí, me parecen ....
4. No me gustan las películas francesas. Me parecen ....
5. Las películas de Laurel y Hardy me parecen ....
6. ¿Te gusta pasear?
   Sí, mucho. Me parece ....
7. ¿Te gusta el tenis?
   No mucho. Me parece..

¿Qué te/le parece ....?	¿Qué + pronombre + **parecer** ....?
¿Te/le gusta ....?	¿Pronombre + **gustar** ....?
Me parece (muy) interesante.	**Me parece** + adjetivo
Me gusta mucho.	**Me gusta** + adverbio

– 44 –

2. Completa con "gusta", "gustan", "parece", "parecen":

1. ¿Te .... esa película?
   No, no me .... mucho. Me .... aburrida.
   Pues a mí me .... mucho. Me .... muy bonita.

2. ¿Qué te .... este libro?
   A mí me .... muchísimo. Es muy bueno.

3. ¿Qué te .... más, el cine o el teatro?
   A mí, el teatro. Me .... mucho más interesante.

4. ¿Te .... ?
   No, no me .... mucho. Y a ti, ¿qué te ....?
   A mí sí me ....

5. A mí la música clásica no me ....
   ¿No? A mí sí. Me encanta. Me .... relajante, fantástica.

3. Relaciona:

(NO) GUSTAR
(NO) PARECER

- mucho
- interesante
- bueno/a
- malo/a
- bastante
- un poco
- muy divertido/a
- bastante aburrido/a
- nada
- muchísimo

4. Completa con el verbo "gustar" o "parecer" y escribe la frase.

1. La música clásica, relajante.
   A mí la música clásica me parece relajante.
2. La ópera, mucho.
   ....
3. El cine de aventuras, divertido.
   ....
4. Las novelas de ciencia ficción, muy interesantes.
   ....
5. La literatura, mucho.
   ....

Libro de referencia gramatical

Ficha 24

PRONOMBRES INTERROGATIVOS (2): QUÉ/CUÁL

tema 3

¿*Qué* quiere tomar?

Un café con leche y un trozo de pastel

Diferentes cosas	¿Té o café?	¿*Qué quieres tomar?*	¿Qué + verbo...?
Misma cosa	¿Café de Colombia o de Brasil?	¿*Cuál quieres?* ¿*Qué café quieres?*	¿Cuál + verbo...? ¿Qué + sustantivo...?

aplicación

1. Completa con "qué" o "cuál":

1. ¿..................................... te gusta hacer en tu tiempo libre?
2. ¿..................................... te gusta más, el rojo o el verde?
3. ¿..................................... deporte te gusta más?
4. ¿..................................... es tu color favorito?
5. ¿..................................... color te gusta más?
6. ¿..................................... prefieres, té o café?
7. ¿..................................... bebida te gusta más?
8. ¿..................................... es tu comida favorita?

PRONOMBRES PERSONALES (3): PRONOMBRES ACUSATIVOS

tema 3

Quiero unas manzanas
*Sí, ¿cómo **las** quiere?*
***Las** quiero rojas*

Quiero una lechuga.	**La** quiero fresca.	LA
Quiero un melón.	**Lo** quiero maduro.	LO
Quiero unas manzanas.	**Las** quiero verdes.	LAS
Quiero unos plátanos.	**Los** quiero de Canarias.	LOS

1. Completa con el pronombre adecuado:

1. ¿Cómo quiere la mesa? .... quiero blanca.
2. ¿Cómo quiere el melón? .... quiero grande.
3. ¿Cómo quiere los tomates? .... quiero maduros.
4. ¿Cómo quiere las naranjas? .... quiero para zumo.

2. Sustituye las palabras que se repiten por pronombres:

1. Hoy compro un ordenador. Necesito el ordenador para mi trabajo. Necesito el ordenador para escribir los informes.
2. Todos los días leo el periódico. Ahora voy a comprar un periódico y voy a leer el periódico en el café.
3. Hoy es el cumpleaños de mi novia. Quiero comprarle una tarta. Hoy hace una fiesta y necesita una tarta para los invitados.
4. Quiero comprarme una chaqueta porque necesito una chaqueta para una fiesta este fin de semana.
5. Necesito tu cámara de fotos porque quiero llevarme tu cámara de fotos de viaje. ¿Me dejas tu cámara de fotos?
6. Me gustan estos pantalones y me llevo estos pantalones. ¿Cuánto cuestan?

Libro de referencia gramatical

PRONUNCIACIÓN Y ORTOGRAFÍA (3): GRAFÍAS "H" Y "CH"; ACENTUACIÓN DE PALABRAS ESDRÚJULAS

Ficha 26 — **tema 3**

La letra H no se pronuncia: "humo" [umo]

La letra CH se pronuncia [tʃ]: "chico" [tʃiko]

---

1. **Busca la palabra española y pronúnciala:**

   farina, farine, harina
   fer, hierro, ferro
   hilo, filo, fil
   fumée, humo, fumo

2. **Se escriben con hache, pero esta no se pronuncia, las palabras que empiezan por "ue" y por "ie". Pronúncialas tú:**

   hueso   hierba
   huevo   hielo

3. **Pronuncia estas palabras:**

   chico   churro
   chocolate   achicoria
   chopo   coche

4. **Divide estas palabras en sílabas:**

manzana	naranja	patata	sílaba
plátano	tomate	alcachofa	sábado
ciruela	lechuga	espárragos	azúcar

   Clasifícalas según el acento:

3.(-)́--	2. (--)́-	1. (--)-́

   ¿Te has fijado en las palabras del grupo 3? ¿Cuándo se acentúan?

   Pon el acento en estas palabras. Todas son del grupo 3:

   zocalo   politica   proximo   comodo   pajaro
   republica vinculo   telefono   orbita   Mexico
   arboles   estupido   musica   miercoles fantastico

— 48 —

LA HORA

tema 4

¿Qué hora es?
Son las cinco y cuarto

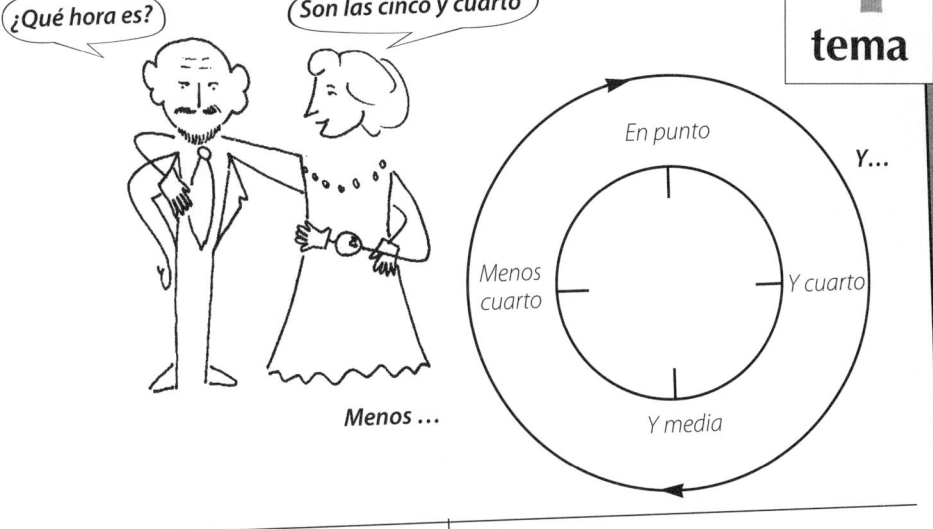

- En punto
- Y...
- Y cuarto
- Y media
- Menos...
- Menos cuarto

Es la... / Son las...	**Es la** una. **Son las** dos/tres/cuatro...
... y ... / ... menos ...	**Es la** una **y** cinco (1:05) **Son las** tres **menos** cinco (2:55)

1. Escribe la hora:

1. 1:00 ....
2. 1:15 ....
3. 2:00 ....
4. 3:15 ....
5. 3:30 ....
6. 4:20 ....
7. 4:45 ....
8. 4:50 ....
9. 10:10 ....
10. 7:25 ....

¿Qué hora es?	Es la una / Son las dos/tres.
¿A qué hora? / ¿Cuándo?	A la una / A las dos/tres.

2. ¿A qué hora?

1. ¿A qué hora te levantas normalmente? ....
2. ¿A qué hora comes? ....
3. ¿A qué hora empiezas las clases? ....
4. ¿A qué hora vuelves a casa? ....
5. ¿Cuándo cenas normalmente? ....
6. ¿Cuándo te acuestas? ....

Libro de referencia gramatical

Ficha 28

LAS EXPRESIONES DE TIEMPO

tema 4

¿A qué hora empieza la película?

A las diez de la noche

La hora	*A las* cinco *de la* mañana " " seis " " tarde ... " " noche	**A** + **la(s)** hora + **de** + **la** parte del día
Partes del día	*Por la* mañana " " tarde " " noche	**Por** + **la** + parte del día
Días de la semana	*El* lunes *El* martes	**ø** + **el** + día
Meses	*En* enero *En* febrero *En*...	**En** + mes
Años	*En* 1999 *En* el 97	**En** + año **En** + **el** + 2 últimas cifras año
Fechas	*El* martes catorce *de* enero *En* marzo *de* 1987 *En* 1987	**ø** + **el** + día semana + número + **de** + mes **En** + mes + **de** + año **En** + año

aplicación

1. Escribe estas horas:

1. 01:45 am. / 01:45 ....
2. 01:15 pm. / 13:15 ....
3. 03:15 pm. / 15:15 ....
4. 07:00 am. / 07:00 ....
5. 06:20 pm. / 18:20 ....
6. 10:55 am. / 10:55 ....
7. 10:50 pm. / 22:50 ....
8. 05:35 am. / 05:35 ....

Planet@ 1

aplicación

2. Explica cuándo haces esto:

1. Levantarte ....
2. Desayunar ....
3. Comer ....
4. Empezar la escuela ....
5. Acostarte ....

3. Escribe estas fechas:

1. Martes 2 ....
2. Febrero, 1995 ....
3. 12.01.1998 ....
4. Domingo, 18.01.1998 ....
5. Enero, 1952 ....
6. 14.02.1999 ....
7. Sábado ....
8. Diciembre 24 ....
9. 1972 ....

– 51 –

Libro de referencia gramatical

PRESENTES IRREGULARES (1): -GO

Ficha 29 — tema 4

*Pues yo, siempre que sal**g**o con mi pareja, me pon**g**o guapo*

SALIR	
(Yo)	sal**go**
(Tú *)	sales
(Usted)	sale
(Él/ella)	sale
(Nosotros/as)	salimos
(Ustedes**)	salen
(Ellos / ellas)	salen

* En Argentina, Uruguay, Paraguay, etc.:

(Vos)   salís

** En casi toda España:

Informal	(Vosotros/as)	salís
Formal	(Ustedes)	salen

Otros verbos iguales:

poner
venir
hacer*
tener
caer*
oír*
decir*

*Tienen otras irregularidades

— 52 —

Planet@ 1

1. Forma el presente de estos verbos:

	Poner	Salir	Hacer	Caer	Tener
(Yo)	*pongo*				
(Tú)	*pones*				
(Usted)	*pone*				
(Él/ella)	*pone*				
(Nosotros/as)	*ponemos*				
(Vosotros/as)	*ponéis*				
(Ustedes)	*ponen*				
(Ellos/as)	*ponen*				

2. Completa con la forma correcta:

1. ¿Qué me (PONER, yo) .... para la fiesta?
2. ¿No (SALIR, tú) .... esta noche? Es sábado. Yo sí (SALIR, yo) .... Es que (TENER, yo) .... una cita especial.
3. ¿Tú (TENER) .... hermanos o hermanas? Yo no (TENER) ....
4. Todos los días (SALIR, yo) .... muy pronto de casa, a las 7.
5. ¿Qué (HACER, tú) .... esta tarde? (HACER, yo) .... esto y, si quieres, después (SALIR, nosotros/as) .... de compras.

3. Relaciona:

Poner   la comida
                                   por la noche
Salir   un hermano
                                   la lavadora
Hacer   de casa
                                   música
Tener   la cama
                                   dinero

Ahora escribe las frases:

Yo pongo una lavadora todas las semanas.

....
....
....
....
....
....
....

aplicación

Libro de referencia gramatical

Ficha 30

PRESENTES IRREGULARES (2): O → UE

tema 4

Yo suelo ir al cine todas las semanas. ¿Y ustedes?

Nosotros solemos ir dos veces a la semana

VOLAR

(Yo)	vuelo
(Tú *)	vuelas
(Usted)	vuela
(Él/ella)	vuela
(Nosotros/as)	volamos
(Ustedes**)	vuelan
(Ellos / ellas)	vuelan

* En Argentina, Uruguay, Paraguay, etc.:

(Vos) volás

** En casi toda España:

Informal	(Vosotros/as)	voláis
Formal	(Ustedes)	vuelan

Otros verbos iguales:

contar
recordar
encontrar
soler
volver
morder
morir
dormir

Planet@ 1

1. Forma el presente de estos verbos:

	Volar	Contar	Recordar	Encontrar
(Yo)	v*ue*lo			
(Tú)	v*ue*las			
(Usted)	v*ue*la			
(Él/ella)	v*ue*la			
(Nosotros/as)	volamos			
(Vosotros/as)	voláis			
(Ustedes)	v*ue*lan			
(Ellos/as)	v*ue*lan			

2. Forma el presente de estos otros verbos:

	Soler	Volver	Morder	Devolver	Dormir
(Yo)	s*ue*lo				
(Tú)	s*ue*les				
(Usted)	s*ue*le				
(Él/ella)	s*ue*le				
(Nosotros/as)	solemos				
(Vosotros/as)	soléis				
(Ustedes)	s*ue*len				
(Ellos/as)	s*ue*len				

3. Escribe la forma adecuada del verbo:

1. Mi hijo de tres años ya (CONTAR) .... hasta veinte.
2. (RECORDAR, yo) .... muchas cosas del colegio.
3. ¿Por qué no (PROBAR, tú) .... esta comida?
4. El fin de semana (SOLER, nosotros) .... ir al campo.
5. ¿A qué hora (VOLVER, tú) .... a casa por la tarde?
6. Mi perro no (MORDER) .... , es muy tranquilo.
7. Los alumnos (DEVOLVER) .... los libros después del curso.
8. Yo (DORMIR) .... siete horas normalmente. ¿Y tú?
9. ¿(JUGAR, tú) .... al fútbol? Yo no.

aplicación

Libro de referencia gramatical

PRESENTES IRREGULARES (3): E ⟶ IE

Ficha 31 — **tema 4**

Yo pienso que el estudio de las relaciones físicas y químicas, bla, bla, bla

CERRAR	
(Yo)	cierro
(Tú *)	cierras
(Usted)	cierra
(Él/ella)	cierra
(Nosotros/as)	cerramos
(Ustedes**)	cierran
(Ellos / ellas)	cierran

* En Argentina, Uruguay, Paraguay, etc.:

(Vos) cerrás

** En casi toda España:

Informal	(Vosotros/as)	cerráis
Formal	(Ustedes)	cierran

Otros verbos iguales:

empezar — sentir
pensar — despertar
querer — perder
entender — defender
preferir — ascender
mentir

Planet@ 1

1. **Forma el presente de estos verbos:**

	Cerrar	Empezar	Pensar	Despertar
(Yo)	cierro			
(Tú)	cierras			
(Usted)	cierra			
(Él/ella)	cierra			
(Nosotros/as)	cerramos			
(Vosotros/as)	cerráis			
(Ustedes)	cierran			
(Ellos/as)	cierran			

2. **Forma el presente de estos otros verbos:**

	Querer	Perder	Defender	Ascender
(Yo)	quiero			
(Tú)	quieres			
(Usted)	quiere			
(Él/ella)	quiere			
(Nosotros/as)	queremos			
(Vosotros/as)	queréis			
(Ustedes)	quieren			
(Ellos/as)	quieren			

3. **Forma el presente de estos últimos verbos:**

	Mentir	Preferir	Sentir
(Yo)	miento	prefiero	
(Tú)	mientes		
(Usted)	miente		
(Él/ella)	miente		
(Nosotros/as)	mentimos		
(Vosotros/as)	mentís		
(Ustedes)	mienten		
(Ellos/as)	mienten		

aplicación

Libro de referencia gramatical

4. Escribe la forma adecuada del verbo:

1. ¿Por qué (CERRAR, tú) .... la puerta?
2. (EMPEZAR, nosotros) .... la lección 20.
3. (PENSAR, yo) .... en las vacaciones todos los días.
4. ¿No (CALENTAR, tú) .... la comida?, está fría.
5. (PERDER, ellos) .... siempre el tiempo.
6. ¿(ENTENDER, vosotros) .... italiano?
7. (Ellos) no (QUERER) .... postre.
8. El profesor (ENCENDER) .... el retroproyector y explica la gramática.
9. (DEFENDER, yo) .... mis ideas políticas.
10. Enrique (MENTIR) ....
11. ¿(PREFERIR, usted) .... la playa o el campo?

5. Relaciona:

Yo	querer	quedarme en casa	el día de mi cumpleaños
Yo	empezar	la ventana	todos los días
La clase	pensar	a las 10	de vacaciones
Ellos	cerrar	ir a Mallorca	porque hace frío
Nosotros	preferir	cenar en un restaurante	este fin de semana

Ahora escribe las frases:

Yo prefiero quedarme en casa este fin de semana.

....
....
....
....
....
....
....

PRESENTES IRREGULARES (4): E ⟶ I

Ficha 32

Planet@ 1

tema 4

Por favor, ¿la calle Planet@?

Sigues todo recto por esta calle unos cien metros y allí está

PEDIR	
(Yo)	pido
(Tú *)	pides
(Usted)	pide
(Él/ella)	pide
(Nosotros/as)	pedimos
(Ustedes**)	piden
(Ellos / ellas)	piden

* En Argentina, Uruguay, Paraguay, etc.:

(Vos)   pedís

** En casi toda España:

Informal	(Vosotros/as)	pedís
Formal	(Ustedes)	piden

Otros verbos iguales:

repetir
seguir
servir
corregir
despedir
elegir

Libro de referencia gramatical

1. Forma el presente de estos verbos:

	Pedir	Seguir	Corregir	Elegir
(Yo)	*pido*			
(Tú)	*pides*			
(Usted)	*pide*			
(Él/ella)	*pide*			
(Nosotros/as)	*pedimos*			
(Vosotros/as)	*pedís*			
(Ustedes)	*piden*			
(Ellos/as)	*piden*			

2. Escribe la forma adecuada del verbo.

1. ¿Quién (SERVIR) .... la comida hoy?, yo estoy cansado.
2. Los niños siempre (REPETIR) .... lo que dicen sus padres.
3. ¿(PEDIR, tú) .... la comida?, yo no entiendo bien el español.
4. (SEGUIR, tú) .... por esta calle y ahí está el bar.
5. ¿(SEGUIR, nosotros) .... con este ejercicio o hacemos otro?
6. ¿Para qué (SERVIR) .... esto?
7. Todos los días (REPETIR, yo) .... los mismos ejercicios.

3. Relaciona:

Nosotros — servir — todo recto
La profesora — repetir — los ejercicios
El camarero — corregir — los errores
Los estudiantes — seguir — las bebidas

Ahora escribe las frases:

Nosotros seguimos todo recto.
....
....
....
....
....

aplicación

PRESENTES IRREGULARES (5): VERBOS ESPECIALES

Ficha 33 — **tema 4**

	OÍR	DECIR	SER	ESTAR	IR	DAR
(Yo)	oigo	digo	**soy**	estoy	**voy**	**doy**
(Tú *)	oyes	dices	**eres**	estás	**vas**	das
(Usted)	oye	dice	**es**	está	**va**	da
(Él/ella)	oye	dice	**es**	está	**va**	da
(Nosotros/as)	oímos	decimos	**somos**	estamos	**vamos**	damos
(Ustedes **)	oyen	dicen	**son**	están	**van**	dan
(Ellos/as)	oyen	dicen	**son**	están	**van**	dan

* En Argentina, Uruguay, Paraguay y otros lugares de Hispanoamérica:

(Vos)	oís	decís	**sos**	estás	**vas**	das

** En casi toda España:

Informal	(Vosotros/as)	oís	decís	**sois**	estáis	**vais**	dais
Formal	(Ustedes)	oyen	dicen	**son**	están	**van**	dan

aplicación

1. Encuentra once formas de estos verbos:

```
X H J D A S
B N M I R O
S A P G Q N
O I G O G T
Y E V W O X
E S T O Y Z
C T F K E D
L A D E S I
Ñ M O W X C
J O Y E N E
Q S O M O S
```

Ahora escríbelas. ¿Qué persona es?
Ej. Son (ellos)

....
....
....
....
....
....
....
....
....
....
....

Libro de referencia gramatical

2. Relaciona:

en paro
Ser ————————→ arquitecto
Estar   música
Oír   las gracias
Dar   de Barcelona
               cansado
               la radio
               dinero

Ahora escribe las frases en la forma "YO":

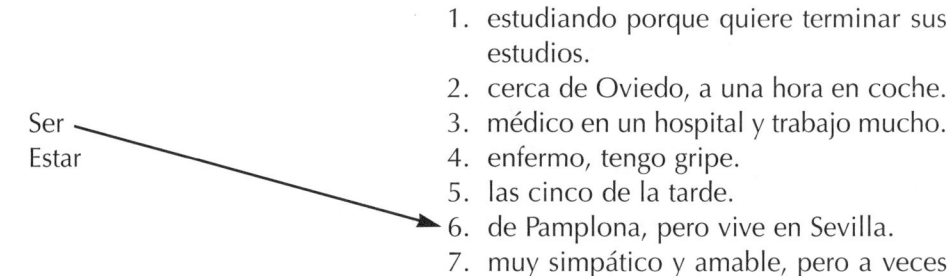

Yo soy arquitecto/a.

....
....
....
....
....
....
....

3. Relaciona con "ser" o con "estar".

1. estudiando porque quiere terminar sus estudios.
2. cerca de Oviedo, a una hora en coche.

Ser
Estar

3. médico en un hospital y trabajo mucho.
4. enfermo, tengo gripe.
5. las cinco de la tarde.
6. de Pamplona, pero vive en Sevilla.
7. muy simpático y amable, pero a veces se enfada y…

Ahora escribe las frases:

....
....
....
....
....
....
....

aplicación

PRESENTES IRREGULARES (1,2,3,4): REPASO

tema 4

Ficha 34

1: -GO

*Pues yo, siempre que sal**g**o con mi pareja, me pon**g**o guapo*

3: E → IE

*Yo p**ie**nso que el estudio de las relaciones físicas y química, bla, bla, bla*

2: O → UE

*Yo s**ue**lo ir al cine todas las semanas. ¿Y ustedes?*

*Nosotros s**o**lemos ir dos veces a la semana*

4: E → I

Por favor, ¿la calle Planet@?

*S**i**gues todo recto por esta calle unos cien metros y allí está*

---

aplicación

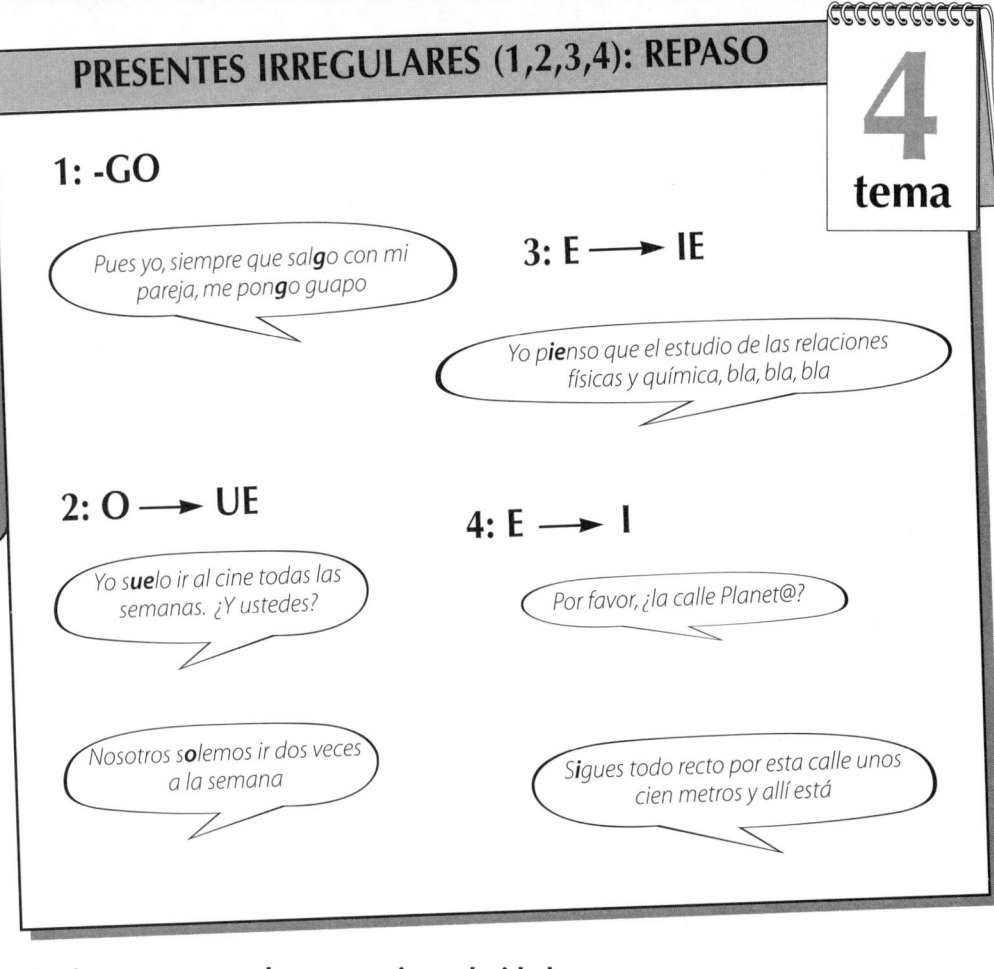

1. Agrupa estos verbos por su irregularidad:

contar	repetir	soler	corregir	dormir
empezar	venir	entender	caer	elegir
pedir	encontrar	servir	pensar	decir
poner	querer	tener	mentir	preferir
recordar	seguir	volver	despedir	hacer

- GO	O → UE	E → IE	E → I

– 63 –

Libro de referencia gramatical

2. Cambia el verbo según la persona:

1. Recuerdo → (nosotros/as) ....
2. Quieres → (vosotros/as) ....
3. Sigue → (ustedes) ....
4. Hago → (nosotros/as) ....
5. Vuelves → (vosotros/as) ....
6. Empieza → (ellas) ....
7. Pido → (nosotros/as) ....
8. Tienes → (vosotros/as) ....
9. Duerme → (ellos/ellas) ....

3. Mira esta agenda y explica qué hace esta persona esta semana:

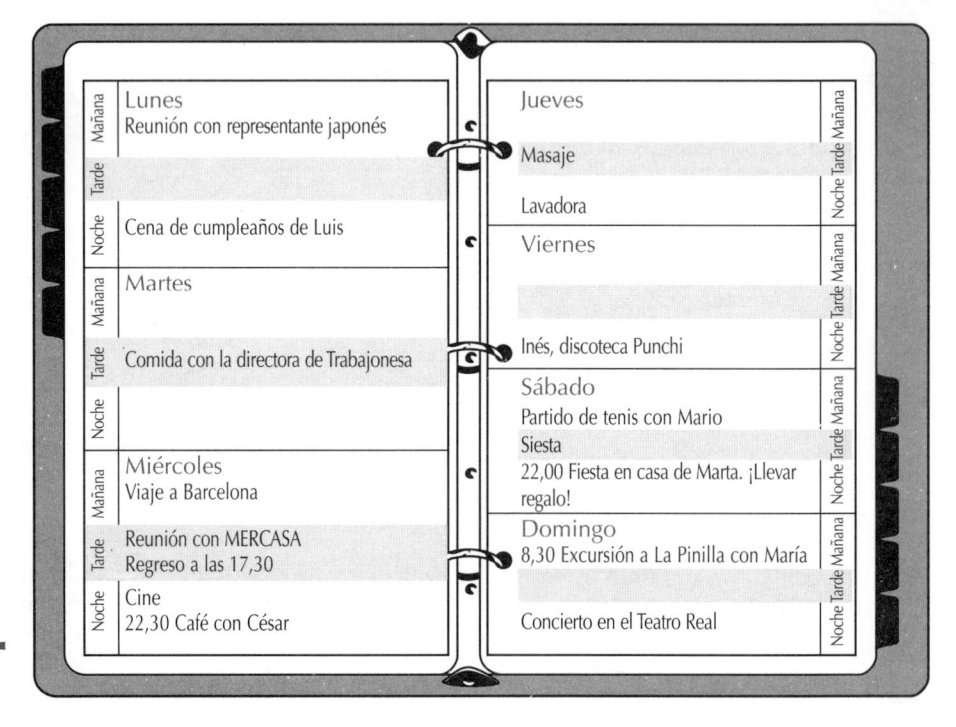

	Lunes		Jueves	
Mañana	Reunión con representante japonés			
Tarde			Masaje	
Noche	Cena de cumpleaños de Luis		Lavadora	
	Martes		**Viernes**	
Mañana				
Tarde	Comida con la directora de Trabajonesa		Inés, discoteca Punchi	
Noche			**Sábado**	
			Partido de tenis con Mario	
			Siesta	
	Miércoles		22,00 Fiesta en casa de Marta. ¡Llevar regalo!	
Mañana	Viaje a Barcelona		**Domingo**	
Tarde	Reunión con MERCASA Regreso a las 17,30		8,30 Excursión a La Pinilla con María	
Noche	Cine 22,30 Café con César		Concierto en el Teatro Real	

Ej.: El viernes por la noche sale con Inés y van a la discoteca Punchi a bailar.

4. Explica cuántas veces y cuándo haces estas cosas:

1. Siempre	Poner la lavadora
2. Todos los días	Encontrarte con amigos
3. Alguna vez a la semana	Oír música
4. Una vez a la semana	Salir a bailar
5. Una o dos veces al mes	Recordar el cumpleaños de un/-a amigo/a
6. Alguna vez	Dormir hasta muy tarde
7. Casi nunca	Jugar al fútbol
8. Nunca	Ir al gimnasio

aplicación

– 64 –

Planet@ 1

Ficha 35

VERBOS REFLEXIVOS

*Yo, antes de **bañarme**, **baño** al niño*

tema 4

Verbos no reflexivos	Verbos reflexivos
Yo baño al niño.	→ Yo me baño.
El peluquero peina a Juan.	→ Juan se peina.

Pronombres reflexivos +		verbo
(Yo)	me	baño
(Tú*)	te	bañas
(Usted)	se	baña
(Él /ella)	se	baña
(Nosotros/as)	nos	bañamos
(Ustedes**)	se	bañan
(Ellos/ellas)	se	bañan

* En Argentina, Uruguay, Paraguay, etc.:

(Vos)	te	bañás

** En casi toda España:

Informal	(Vosotros/as)	os bañáis
Formal	(Ustedes)	se bañan

aplicación

1. Escribe una frase reflexiva y otra no reflexiva con estos verbos:

1. Bañar   Yo me baño.   Yo baño a mi hijo.
2. Peinar ....
3. Levantar ....
4. Acostar ....
5. Pintar...................................   ....

– 65 –

Libro de referencia gramatical

2. Hay verbos que tienen diferente significado si son reflexivos o no:

Perder	Perderse	(pierdo, pierdes...)
Encontrar	Encontrarse	(encuentro, encuentras...)
Despedir	Despedirse	(despido, despides...)
Separar	Separarse	(separo, separas...)
Quedar	Quedarse	(quedo, quedas...)
Llamar	Llamarse	(llamo, llamas...)
Acordar	Acordarse	(acuerdo, acuerdas...)

AYUDA

Completa estas frases con uno de estos verbos y los pronombres necesarios:

1. Yo siempre .... el abrigo en algún bar.
2. En las ciudades grandes siempre .... Todas las calles me parecen iguales.
3. Ahora no .... de tu nombre. ¿Cómo te llamas?
4. La empresa Putusa quiere .... a la mitad de sus empleados.
5. Esta tarde voy a la estación a .... de mis compañeros.
6. Hoy .... en casa, hay una película muy buena en la tele.
7. Voy a .... con María para ir a la discoteca. Es una chica muy guapa.

ESTAR + GERUNDIO (1): EN PRESENTE

Ficha 36

*¿Qué **estás haciendo**?*

***Estoy estudiando** para un examen*

tema 4

ESTAR	+ GERUNDIO

(Yo)	**estoy**
(Tú/vos)	**estás**
(Usted)	**está**
(Él/ella)	**está**
(Nosotros/as)	**estamos**
(Ustedes *)	**están**
(Ellos/as)	**están**

HAB**LANDO** (hab**lar**)
CO**MIENDO** (co**mer**)
VIV**IENDO** (viv**ir**)

* En casi toda España:

| Informal | (Vosotros/as) | **estáis** | -ando/ |
| Formal | (Ustedes) | **están** | -iendo |

Algunos gerundios irregulares:

Decir	d**i**ciendo
Dormir	d**u**rmiendo
Ir	**y**endo
Leer	le**y**endo
Morir	m**u**riendo
Pedir	p**i**diendo
Poder	p**u**diendo
Sentir	s**i**ntiendo
Venir	v**i**niendo

Planet@ 1

Libro de referencia gramatical

1. Relaciona los verbos con su gerundio:

cantar   corriendo
correr   cantando
decir   haciendo
escribir ──────▶ escribiendo
hablar   poniendo
hacer   leyendo
ir   yendo
leer   hablando
oír   pensando
pensar   viendo
poder   pudiendo
poner   oyendo
ver

2. Forma ahora los gerundios de estos verbos:

1. Contar ....
2. Tener ....
3. Elegir ....
4. Dibujar ....
5. Leer ....
6. Cenar ....
7. Comer ....
8. Ver ....
9. Jugar ....
10. Venir ....

3. Forma frases con ESTAR + gerundio:

1. Ahora (CONTAR, tú) .... un cuento a los niños.
2. (COMPRAR, él) .... un traje.
3. (VER, nosotros) .... un museo.
4. (LEER, yo) .... este libro tan interesante.
5. Últimamente (COMER, yo) .... sólo fruta.
6. (VER, ellos) .... la televisión.
7. (JUGAR, ellas) .... al fútbol.

4. Ordena estas palabras y escribe las frases con ESTAR + gerundio:

1. ahora / interesante / leer / libro / muy / un / yo

....

2. ¿no? / aquí / mucho / por / tú / últimamente / venir

....

3. en / esquiar / Juan / la / sierra

....

4. actualidad / en / en / la / multinacional / nosotras / trabajar / una

....

5. ¿ahora / hacer / qué / ustedes?

....

aplicación

— 68 —

Uso de ESTAR + gerundio / presente simple	
Con presente simple	Con ESTAR + gerundio
Siempre	**Ahora**
Todos los días	**En este momento**
Normalmente	**Actualmente**
A menudo	**En la actualidad**
Muchas veces	**En estos momentos**
etc.	etc.

5. Relaciona:

A menudo
Actualmente
Ahora
Casi nunca
Desde hace poco
Desde hace poco tiempo
En estos momentos
En estos días ━━━▶ Presente simple
En la actualidad
Muchas veces ━━━▶ Estar + gerundio
Normalmente
Nunca
Siempre
Últimamente

6. Completa estas frases con el verbo en presente simple o con ESTAR + el verbo en gerundio:

1. Yo, normalmente (LEVANTARSE) .... a las 7:30, pero últimamente tengo más trabajo y (LEVANTARSE) .... a las 7:00.
2. ¿Tú (LEER) .... algún periódico?
   Pues, normalmente no, pero desde hace unos meses (LEER) .... dos al día.
3. Cristina nunca (VER) .... películas de terror. No le gustan.
4. Desde hace unos días (NOTAR) .... un dolor muy fuerte en el pecho.
5. Yo siempre (IR) .... al cine dos veces por semana, pero, desde que vivo aquí, (IR) .... muy poco.
6. Actualmente (CORRER, yo) .... 5 kilómetros al día.
7. Normalmente no (SALIR, yo) .... por la noche, no me gusta. Pero, en estas últimas semanas, (SALIR) .... casi todos los fines de semana.

Libro de referencia gramatical

Ficha 37

FUTURO: IR A + INFINITIVO

tema 4

*Yo de mayor **quiero ser** futbolista*

*Pues yo **voy a ser** médico*

Para hablar del futuro

IR A	+ infinitivo
(Yo) **voy a**	ser
(Tú/vos) **vas a**	trabajar
(Usted) **va a**	estar
(Él/ella) **va a**	vivir
(Nosotros/as) **vamos a**	leer
(* Ustedes) **van a**	
(Ellos/ellas) **van a**	

* En casi toda España:

Informal	(Vosotros/as)	**vais a** + infinitivo
Formal	(Ustedes)	**van a** + infinitivo

aplicación

1. Ordena estas palabras y escribe la frase con IR A + infinitivo:

1. de / esquiar / ir a / este / fin / semana / (yo)
   (Yo) Voy a ir a esquiar este fin de semana.
2. casa / de / Elena / mañana / no / salir
   ....
3. a / año / Bolivia / el / Joaquín/ próximo/ viajar
   ....
4. cenar / cumpleaños / caro /de /día / el /en / mi / (nosotros)/ restaurante/un
   ....
5. ¿hacer / las / próximas / qué / (tú) / vacaciones?
   ....
6. ¿al / ir / teatro / ustedes?
   ....

– 70 –

Planet@ 1

2. Con verbos reflexivos tenemos dos posibilidades:

Levantarse	*Me voy a levantar* a las 10:00.
	Voy a levantarme a las 10:00.

Construye las frases en la persona "yo":

1. (LEVANTARSE) a las 10:00 ....
2. (ACOSTARSE) pronto ....
3. (DUCHARSE) con agua caliente ....
4. (QUEDARSE) en casa ....
5. (DESPEDIRSE) de mis amigos ....
6. Mañana (CASARSE) con mi novio/a ....

En español tenemos tres construcciones para hablar del futuro:

Este verano Mañana El próximo año	IR A + infinitivo	Para expresar decisiones	*Hoy voy a ir* al cine; ¿*vas a venir* conmigo?
Un día Algún día	PENSAR + infinitivo	Para expresar planes	*Un día pienso viajar* a Chile. ¿*Piensas volver*?
En el futuro A los 40 años	QUERER + infinitivo	Para expresar deseos	*Quiero comprarme* un coche nuevo. ¿Qué *quieres hacer de mayor*?

3. Relaciona:

Este verano	yo	IR A	viajar a Perú, ya tengo la reserva
Un día	él/ella	PENSAR	ser médico/a o enfermero/a
En el futuro	usted	QUERER	hacer rafting, dicen que es muy divertido

Ahora escribe las frases:

....
....
....
....
....

Libro de referencia gramatical

Ficha 38

PRONUNCIACIÓN Y ORTOGRAFÍA (4): SONIDOS [R] Y [R̄]; ACENTUACIÓN DE PALABRAS LLANAS

tema 4

Sonido [R]	el faro	vocal + R + vocal
Sonido [R̄]	la rosa el perro el puerto	R... vocal + RR + vocal vocal + R + consonante
Sonido [L]	el libro	
Sonido [L̂]	la llave	

aplicación

1. Pronuncia estas palabras:

realidad   carrera   arroz   lado
irreal   reserva   rato   carta

2. Divide estas palabras en sílabas y pronúncialas:

árbol   línea   sofá   rápido
libro   entrega   normal   máquina
difícil   escuchan   regular   sonido
Fernández   recuerda   café   palabras

3. Pronúncialas y clasifícalas:

3. (-)́--	2. (--)́-	1.(--)-́

¿Te has fijado en las palabras del grupo 2? Estas palabras se escriben con acento cuando no terminan en...

Escribe el acento en estas palabras del grupo 2 cuando sea necesario:

dicen   libro   cama   arbol
hago   crater   cosa   martes
judio   habil   facil   acento
semana   carcel   lapiz   indio

– 72 –

EL PRETÉRITO PERFECTO *

¿Qué tal el fin de semana?

*Muy bien. **He estado** en la sierra y **he descansado** mucho*

5 tema

HABER	+ Participio

(Yo)	he	
(Tú)	has	
(Usted)	ha	HABL**ADO** (hablar)
(Él/ella)	ha	COM**IDO** (comer)
(Nosotros/as)	hemos	VIV**IDO** (vivir)
(Ustedes **)	han	
(Ellos/as)	han	

* El Pretérito Perfecto tiene un escaso uso en el español de América.

** En casi toda España:

Informal	(Vosotros/as)	habéis	-ado / -ido
Formal	(Ustedes)	han	

1. Forma las frases con HABER + participio:

1. (TRABAJAR, yo) mucho ....
2. Este fin de semana (IR, ellos) al campo ....
3. Este verano (ESTAR, nosotros) en la playa ....
4. Esta mañana (COMPRAR, él) el periódico ....
5. ¿(IR, ustedes) alguna vez a Sevilla? ....
6. ¿Dónde (ESTAR, tú) este fin de semana? ....

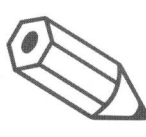

Ficha 39

aplicación

Planet@ 1

Libro de referencia gramatical

2. Relaciona:

hecho — abrir
dicho — decir
satisfecho — escribir
roto — hacer
escrito — morir
puesto — poner
vuelto — romper
muerto — satisfacer
visto — ver
abierto — volver

3. Relaciona:

Yo — este fin de semana han visto — una carta
Tú — esta mañana he escrito — una tienda
Él/ella — has dicho — nada
Nosotros/as — este fin de semana no hemos hecho — una película buena
Ustedes — estas vacaciones ha abierto — una mentira

1. *Esta mañana yo he escrito una carta.*
2. ....
3. ....
4. ....
5. ....

4. Completa con el verbo en la forma correcta:

- ¿(ESTAR, tú) .... alguna vez en Granada?
- No, yo no (ESTAR) .... nunca, pero mi mujer sí y me (DECIR, ella) .... que es muy bonita.

- ¿(IR, ustedes) .... alguna vez a Cuzco?
- Yo sí, (IR, yo) .... muchas veces.
- Pues yo nunca.

- ¿Dónde (VIAJAR, tú) .... estas vacaciones?
- No (IR, yo) .... a ningún lugar. Me (QUEDAR, yo) .... en casa.
- ¿Ah, sí? Pues yo (IR) .... a México y es fantástico. Me encanta.

- ¿(LEER, ustedes) .... el nuevo libro de García Márquez?
- Sí, claro que (LEERLO, yo) .... Es buenísimo.
- Ah, pues yo todavía no (LEERLO) ...., pero tengo muchas ganas.

- ¿(VER, tú) .... la última película de Saura?
- No, no (VERLA, yo) .... ¿Qué tal es?
- A mí me ha encantado.

aplicación

5. "Ya" /"todavía no".

YA -	***Ya hemos estudiado*** el perfecto.
TODAVÍA NO -	***Todavía no hemos visto*** el indefinido.
	No hemos visto el indefinido ***todavía***.

Contesta a las preguntas con "ya" o "todavía no":

1. ¿Has comido? ....
2. ¿Has leído un libro en español? ....
3. ¿Has visto alguna película española? ....
4. ¿Has probado los tacos mexicanos? ....
5. ¿Has estado en un país hispanohablante? ....

Libro de referencia gramatical

Ficha 40

USOS DEL PRETÉRITO PERFECTO

tema 5

1. VALORAR

¿Qué tal la fiesta?

*Muy bien, **ha sido muy divertida***

SER + adjetivo	Ha sido divertido/a. interesante. aburrido /a. fantástico/a.
ESTAR + adverbio	Ha estado (muy) bien. (muy) mal. regular.
Expresiones	Me he divertido. Me lo he pasado bien. Me ha gustado.

aplicación

1. Contesta a las preguntas:

1. ¿Qué te ha parecido la última película que has visto? ....
....
2. ¿Qué tal el último libro que has leído? ....
....
3. ¿Qué tal la última fiesta en la que has estado? ....
....
4. ¿Qué te ha parecido la última persona a la que has conocido? ....
....
5. ¿Qué tal la última canción que has escuchado? ....
....

Planet@ 1

2. ACCIONES PRÓXIMAS

Hoy he leído un libro en español

¡Qué bien!

Hoy
Esta mañana
Este mediodía   **he leído** un libro en español.
Este año
...

2. Escribe tres cosas que has hecho:

1. Esta mañana ....
2. Esta semana ....
3. Este mes ....
4. Este año ....

3. HABLAR DE LAS EXPERIENCIAS

*Yo **he viajado** mucho: he estado una vez en Cuba, dos veces en Chile...*

Nunca
Una vez
Dos veces
Muchas veces
Todos los años
Todas las vacaciones
Todavía no
Ya
...

Libro de referencia gramatical

3. Haz la pregunta correspondiente a estas respuestas:

1. Sí, he estado una vez en México. En 1996.
   ¿Has estado en México alguna vez?

2. ¿En Bolivia? No, no he estado nunca.
   ....

3. En Ecuador he estado tres veces.
   ....

4. No, nunca he visto el Museo Picasso.
   ....

5. Pues sí, sí he escrito un libro. Y muy bueno.
   ....

6. Muchas veces. Me encanta el *Quijote*.
   ....

4. Escribe cosas que has hecho o no has hecho:

1. Nunca ....
2. Una vez ....
3. Dos veces ....
4. Muchas veces ....
5. Todos los años ....
6. Todas las vacaciones ....

Planet@ 1

Ficha 41

ESTAR + GERUNDIO 2: EN PERFECTO

tema 5

(Yo)	he estado		
(Tú)	has estado		*todo el día*
(Usted)	ha estado		*toda la semana*
(Él/ella)	ha estado	+ gerundio +	*durante 4 horas*
(Nosotros/as)	hemos estado		*desde las 8 hasta las 10*
(Ustedes *)	han estado		...
(Ellos/as)	han estado		

* En casi toda España:

Informal	(Vosotros/as)	**habéis estado** + gerundio
Formal	(Ustedes)	**han estado** + gerundio

aplicación

1. Forma el verbo:

1. Estoy cansadísimo. Hoy (TRABAJAR, yo) .... todo el día.
2. Este fin de semana (DORMIR, yo) .... todo el tiempo.
3. Esta mañana me ha llamado Mari Pili por teléfono y (HABLAR, nosotros) .... casi una hora. ¡Qué barbaridad!
4. No he podido dormir nada esta noche y, por eso, (CONTAR, yo) .... ovejitas. ¡Qué noche!

2. Completa con el pretérito perfecto o con el perfecto de ESTAR + gerundio:

1. ¿Qué (HACER, tú) .... hoy? (LLAMARTE, yo) .... durante toda la mañana.
   Es que (ARREGLANDO) .... unos papeles todo el día.
2. Yo este fin de semana no (HACER) .... nada.
   Ah, pues yo (SALIR) .... todos los días y me lo he pasado muy bien.

– 79 –

EL INDEFINIDO REGULAR

5 tema

¿Qué tal anoche?

*Muy bien, lo **pasé** muy bien. **Me divertí** muchísimo*

	Pasar	Comer	Divertir(se)
(Yo)	pas**é**	com**í**	**me** divert**í**
(Tú *)	pas**aste**	com**iste**	**te** divert**iste**
(Usted)	pas**ó**	com**ió**	**se** divert**ió**
(Él/ella)	pas**ó**	com**ió**	**se** divert**ió**
(Nosotros/as)	pas**amos**	com**imos**	**nos** divert**imos**
(Ustedes **)	pas**aron**	com**ieron**	**se** divert**ieron**
(Ellos/as)	pas**aron**	com**ieron**	**se** divert**ieron**

* En Argentina, Uruguay, Paraguay y otros lugares de Hispanoamérica:

(Vos)	pas**aste**	com**iste**	**te** divert**iste**

** En casi toda España:

Informal	(Vosotros/as)	pas**asteis**	com**isteis**	**os** divert**isteis**
Formal	(Ustedes)	pas**aron**	com**ieron**	**se** divert**ieron**

-AR	-ER / -IR
-é	-í
-aste	-iste
-ó	-ió
-amos	-imos
-aron	-ieron

Ficha 42

Libro de referencia gramatical

Planet@ 1

1. Forma el indefinido de estos verbos:

	Hablar	Beber	Vivir
(Yo)			
(Tú)			
(Usted)			
(Él/ella)			
(Nosotros/as)			
(Vosotros/as)			
(Ustedes)			
(Ellos/as)			

2. Separa la raíz de la terminación:

escrib/iste   tomaron   escuché   leí
pensamos   pedí   valió   viste
salimos   nacieron   viviste   habló

3. Di la persona:

1. Escribiste   *tú*
2. Tomaron ....
3. Escuché ....
4. Leí ....
5. Pensamos ....
6. Pedí ....
7. Valió ....
8. Viste ....
9. Salimos ....
10. Nacieron ....
11. Viviste ....
12. Habló ....

4. Completa con la forma del verbo correcta:

1. Ayer (ESCRIBIR, yo) .... una carta al director.
2. Anoche (BAILAR, él) .... en una discoteca.
3. El otro día (IR, nosotras) .... al Museo Municipal.
4. La semana pasada (COMPRAR, ellos) .... un coche nuevo.
5. ¿(ESTUDIAR, tú) .... la lección de ayer?

aplicación

Libro de referencia gramatical

aplicación

5. Hay verbos que se escriben de forma especial. Forma como el modelo:

	Leer	Oír	Huir
(Yo)	*leí*		
(Tú)	*leíste*		
(Usted)	*leyó*		
(Él/ella)	*leyó*		
(Nosotros/as)	*leímos*		
(Vosotros/as)	*leísteis*		
(Ustedes)	*leyeron*		
(Ellos/as)	*leyeron*		

6. Escribe la biografía de esta persona:

1964	Nacer
1969-1976	Estudiar en una escuela elemental
1976-1980	Asistir al instituto
1980-1985	Estudiar en la universidad
1986	Empezar a trabajar

....
....
....
....
....
....
....
....
....
....

Planet@ 1

Ficha 43

EL INDEFINIDO IRREGULAR (1): IR, TENER Y HACER

tema 5

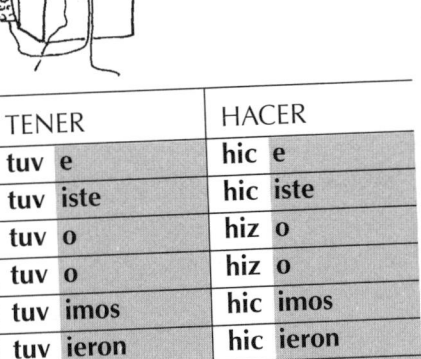

*¿Qué **hiciste** ayer?*

***Fui** al cine, ¿y tú?*

	IR
(Yo)	fui
(Tú)	fuiste
(Usted)	fue
(Él/ella)	fue
(Nosotros/as)	fuimos
(Ustedes *)	fueron
(Ellos/as)	fueron

TENER	HACER
tuv e	hic e
tuv iste	hic iste
tuv o	hiz o
tuv o	hiz o
tuv imos	hic imos
tuv ieron	hic ieron
tuv ieron	hic ieron

Terminaciones de muchos verbos irregulares en el indefinido

* En casi toda España:

Informal	(Vosotros/as)	fuisteis	tuv isteis	hic isteis
Formal	(Ustedes)	fueron	tuv ieron	hic ieron

1. Aquí hay siete formas de estos verbos. Encuéntralas:

A	B	F	U	E	C	D	E
F	G	U	H	H	I	J	K
L	H	I	C	I	S	T	E
M	I	S	N	C	Ñ	U	O
P	Z	T	Q	I	R	V	S
T	O	E	U	M	V	I	W
S	T	U	V	O	D	M	E
X	Y	Z	A	S	B	O	C
R	Q	H	I	M	K	S	L

Ahora escríbelas. ¿Qué persona es?
Ej. Fue (usted, él/ella)

....
....
....
....
....
....
....

Libro de referencia gramatical

aplicación

2. Cambia el singular al plural o el plural al singular de las formas del ejercicio anterior:

Fue (usted, él/ella): fueron (ustedes, ellos/as)

Planet@ 1

Ficha 44

USOS DEL INDEFINIDO

tema 5

1. VALORAR

¿Qué tal ayer?

*Muy bien, lo **pasé** muy bien*

SER + un/-a ... + nombre + adjetivo	*Fue una fiesta muy divertida.* *Fue un fin de semana emocionante.* *Fue una noche inolvidable.*
ESTAR + adverbio	*Estuvo (muy) bien.* *" (muy) mal.* *" regular.*
Expresiones	*Lo pasé muy bien.* *Me divertí.* *Me gustó.* *Me pareció fantástico.*

aplicación

1. Contesta a las preguntas:

1. ¿Qué hiciste las últimas vacaciones? ....

   Y ¿qué tal? ....

2. ¿Qué hiciste el fin de semana pasado? ....

   Y ¿qué tal? ....

3. ¿Cómo celebraste tu último cumpleaños? ....

   Y ¿qué tal? ....

– 85 –

Libro de referencia gramatical

2. HABLAR DE ACONTECIMIENTOS PASADOS

*En 1975 **hice** mi primera película*

Ayer
El año pasado   **empecé** a trabajar.
En 1985
El 15 de septiembre de 1997

2. Contesta a las preguntas:

1. ¿Cuándo y dónde naciste?
   ....
2. ¿A qué colegio fuiste?
   ....
3. ¿Cuándo conociste a tu mejor amigo/a?
   ....
4. ¿Cuándo hiciste tu primer viaje?
   ....
5. ¿A dónde fuiste?
   ....

Planet@ 1

CONTRASTE PERFECTO / INDEFINIDO

tema 5

Ficha 45

¿Qué **has hecho** este fin de semana?

Nada especial. El sábado no **hice** nada y el domingo **fui** al campo.

El perfecto se usa con:	El indefinido se usa con:
Hoy Esta mañana Esta semana Este fin de semana Este año …	Ayer Anoche El sábado El domingo El año pasado …

aplicación

1. Completa:

1. ¿Qué tal el fin de semana?
   Muy bien. El sábado (IR, nosotros) …………………… a una fiesta y (PASARLO) …………………… estupendamente.

2. ¿Qué (HACER, tú) …………………… este fin de semana?
   (IR, yo) …………………… de excursión con unos amigos.

3. Este fin de semana (ESTAR, yo) …………………… en Sevilla. (SALIR, yo) …………………… el viernes y (VOLVER, yo) …………………… el domingo por la noche.

4. (SER) …………………… un fin de semana horrible. (QUEDARSE, yo) …………………… todo el tiempo en casa y María no (LLAMARME) ……………………

– 87 –

Libro de referencia gramatical

> ¿**Han estado** alguna vez en Centroamérica?
>
> Yo no. No **he estado** nunca
>
> Yo sí. En 1996 **estuve** en Costa Rica

B

El perfecto se usa con tiempos no definidos:	El indefinido se usa con tiempos definidos:
Ø **Una vez** **Muchas veces** ...	**En 1975** **El 12 de septiembre** **En marzo de 1988** ...

aplicación

2. Completa:

1. ¿(ESTAR, tú) .... alguna vez en Guatemala?
   No, no (ESTAR) .... nunca.

2. Y usted, ¿(ESTAR) .... en Guatemala?
   Sí, (ESTAR) .... en 1994 y en 1997.

3. ¿(VIAJAR) .... en globo alguna vez?
   Pues sí. (VIAJAR) .... hace dos años. Fue increíble.

4. ¿(VER) .... un OVNI alguna vez?
   ¿Un OVNI?, ¿qué es un OVNI?
   Un UFO.
   Ah, sí. Sí, (VER, yo) .... uno hace mucho tiempo.

5. ¿Ya (VISITAR, tú) .... el Museo Guggenheim de Bilbao?
   Sí. Lo (VER, yo) .... ayer.

Planet@ 1

3. Marca con una cruz:

	No, nunca	Sí, una vez	Varias veces	¿Cuándo?
¿Has visto un OVNI?				
¿Has comido pescado crudo?				
¿Has dormido en la calle?				
¿Has hecho un viaje a otro país?				
¿Has hecho paracaidismo, rafting, ala delta, etc.?				

Escribe ahora las frases:

No he visto un OVNI nunca.
He hecho rafting dos veces. Lo hice en 1996 y en 1997.

....
....
....
....
....
....
....
....
....

aplicación

Libro de referencia gramatical

Ficha 46

EXPRESIÓN DE LA IMPERSONALIDAD CON SE

tema 5

*En mi país **se empieza** a trabajar a las siete*

*¿Ah, sí? pues en mi país **se empieza** a las ocho*

Se + verbo en 3ª persona singular

Se come
Se empieza
Se hace
….

---

aplicación

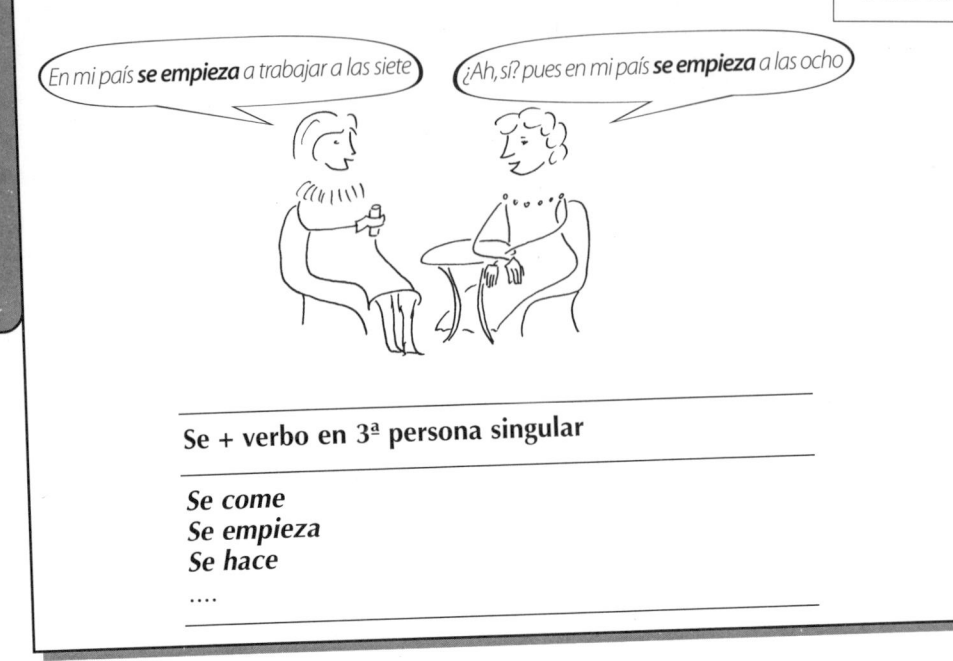

1. Lee este texto. Luego escribe uno parecido sobre tu país:

En España normalmente el desayuno es muy ligero. Se desayuna entre las siete y las ocho y media de la mañana y se toma un café con leche y unas tostadas. A media mañana, entre las diez y media y las once y media, se toma un pincho o un bocadillo y un café. Se come entre las dos y las tres y media. En general, es la comida más importante del día. Se cena a las nueve o diez.

Hay algunas personas que toman una pequeña merienda por la tarde, entre las cinco y las seis. A esa hora se toma un trozo de tarta o un pequeño bocadillo. Muchas veces se suele hacer en una cafetería o en un bar con amigos.

2. Transforma en impersonal:

1. En España casi todo el mundo cocina con aceite de oliva.
2. Yo, como muchos españoles, normalmente como a las tres.
3. Muchos jóvenes españoles los viernes y sábados por la noche salen a los bares.

Planet@ 1

PRONUNCIACIÓN Y ORTOGRAFÍA (5): ACENTUACIÓN DE MONOSÍLABOS Y DE PRONOMBRES Y ADVERBIOS INTERROGATIVOS

tema 5

Ficha 47

Se acentúan	No se acentúan
¿Qué?— ¿*Qué* hora es?	Que — *Es la hora que me gusta.*
¿Quién?— ¿*Quién* es él?	Quien— *Él es quien llamó.*
Él (pronombre)— *Él* estudia.	El (artículo)— *El árbol ha crecido.*
Tú (pronombre)— ¿*Tú* estudias?	Tu (posesivo)— *Tu casa es grande.*
Sé (verbo "saber")— *Sé* la verdad.	Se (pronombre)— *Se come muy tarde.*
Té (bebida)— *Un té con leche, por favor.*	Te (pronombre)— *Te gusta el fútbol.*

1. Escribe el acento en caso necesario:

1. ¿Que te gusta más, el te o el café?
2. El dinero no da la felicidad.
3. El dice que tu mientes.
4. ¿Dónde está tu casa?
5. Se que en España se come a las tres.

Se acentúan	No se acentúan
¿Qué?...	... que...
¿Por qué?...	... porque...
¿Cuándo?...	... cuando...
¿Dónde?...	... donde...
...	...
Preguntas	Respuestas

2. Pronuncia:

1. ¿Por qué estudias español?   Porque me gusta.
2. ¿Cuándo vas al gimnasio?   Cuando tengo tiempo.
3. ¿Qué haces?   Las cosas que me gustan.
4. ¿Dónde vives?   Donde está el hotel.

CLAVES DEL LIBRO DE REFERENCIA
Planet@ 1

TEMA 1

FICHA 2:
1. Yo, tú, usted, él, ella, nosotros, ustedes, ellos.
2. a) Yo. b) Tú. c) Nosotros. d) Él. e) Ellos. f) Yo.

FICHA 3:
1. 2. Soy yo. 3. Yo me llamo Juan, él se llama Pepe y ella María. 4. María es abogada y yo soy estudiante. 5. Juan es de EEUU y yo soy de Australia. 6. Él es de Brasil y ella de Noruega. 7. Soy médico. 8. No, yo soy Alicia. 9. Makiko vive en Tokio y Sebastián en Berlín. 10. Yo no hablo inglés, pero Pepe sí.
2. 1. Me. 2. Yo. 3. Nosotros/as. 4. yo. 5. yo. 6. Yo. 7. Yo. 8. Yo. 9. yo. 10. él.
3. Ejercicio de respuesta abierta.

FICHA 4:
1. viv/imos, com/emos, beb/emos, viv/en, estudi/an, estudi/as, viv/o, escrib/e, habl/o, beb/es, trabaj/amos, trabaj/a, sub/es, habl/an, le/o, le/en, escrib/es, com/e, sub/ís, le/es.
2. 2. nosotros/as. 3. nosotros/as. 4. ustedes/ellos/as. 5. ustedes/ellos/as 6. tú. 7. yo. 8. usted/él/ella. 9. yo. 10. tú. 11. nosotros/as. 12. usted/él/ella. 13. tú. 14. ustedes/ellos/as. 15. yo. 16. ustedes/ellos/as. 17. tú. 18. usted/él/ella. 19. vosotros/as. 20. tú.
4. 1. Nosotros comemos todos los días en un restaurante.
   2. Yo estudio español en la universidad de Caracas.
   3. ¿Ustedes viven en Bilbao o en San Sebastián?
   4. Miguel habla cinco lenguas.
   5. Yo leo el periódico todos los días.
5. Trabajar en una empresa; estudiar medicina; hablar cuatro idiomas; leer el periódico; comer muchas tortillas; escribir el nombre y los apellidos; vivir en San José de Costa Rica. (La segunda parte del ejercicio es de respuesta abierta.)

FICHA 5:
1. Argentina, argentino; Francia, francés; Irlanda, irlandés; Italia, italiano; Japón, japonés; México, mexicano; Nigeria, nigeriano; Paraguay, paraguayo; Polonia, polaco; Turquía, turco; Uruguay, uruguayo; Venezuela, venezolano.
2. 1. mexicana. 2. argentina. 3. uruguaya. 4. venezolana. 5. paraguaya. 6. francesa. 7. italiana. 8. irlandesa. 9. polaca. 10. japonesa. 11. turca. 12. argelina. 13. nigeriana.
3. A) a) Tunecino.
   b) Finlandés, tailandés, japonés, irlandés, senegalés, inglés, escocés, danés.
   c) Mongol, español.
   d) Canadiense, estadounidense, costarricense, nicaragüense.
   e) Iraquí, iraní, paquistaní.
   B) 1. De Túnez. 2. De Finlandia. 3. De Mongolia. 4. De Tailandia. 5. De Canadá. 6. De Irak. 7. De Japón. 8. De España. 9. De Estados Unidos. 10. De Irán. 11. De Irlanda. 12. De Costa Rica. 13. De Senegal. 14. De Paquistán. 15. De Inglaterra. 16. De Nicaragua. 17. De Escocia. 18. De Dinamarca. 19. De China. 20. De Noruega.
   C) 1. tunecina. 2. finlandesa. 3. mongola. 4. tailandesa. 5. canadiense. 6. iraquí. 7. japonesa. 8. española. 9. estadounidense. 10. iraní. 11. irlandesa. 12. costarricense. 13. senegalesa. 14. paquistaní. 15. inglesa. 16. nicaragüense. 17. escocesa. 18. danesa. 19. china. 20. noruega.
4. 2. Soy holandés/holandesa. 3. Soy estadounidense. 4. Soy argentino/a. 5. Soy peruano/a. 6. Soy australiano/a. 7. Soy brasileño/a. 8. Soy italiano/a. 9. Soy europeo/a.

Planet@ 1

FICHA 6:
1. 1. cinco. 2. siete. 3. quince. 4. veinticuatro. 5. cuarenta y seis. 6. setenta y ocho. 7. ciento dos. 8. ciento cincuenta y siete. 9. quinientos cuarenta y uno. 10. quinientos cincuenta y cinco. 11. nueve mil ciento siete. 12. nueve mil doscientos cuarenta y uno. 13. nueve mil quinientos cuatro.
2. 1. 51. 2. 97. 3. 100. 4. 142. 5. 513. 6. 781. 7. 1992. 8. 5515.
3. 1. trescientas libras. 2. cuatrocientos euros. 3. quinientas coronas. 4. setecientos soles. 5. ochocientos dólares. 6. seiscientas catorce libras. 7. doscientos ventiún rublos. 8. novecientas cincuenta y siete coronas.
4. 1. treinta y un, ventiuno. 2. un. 3. una, un. 4. uno. 5. un, tres.

FICHA 7:
1. 1. mujer. 2. hermana. 3. doctora. 4. actriz. 5. aspirante.
2. 1. abogado. 2. padre. 3. hijo. 4. turista. 5. profesor.

FICHA 8:
1. 2. Yo. 3. Nosotros/as. 4. Tú. 5. Ustedes/ellos/as. 6. Tú. 7. Ustedes/ellos/as. 8. Usted/él/ella. 9. Yo. 10. Nosotros/as.
2. 1. hacen. 2. son. 3. tienes.
3. Ella se llama Carmen Suárez y él se llama José Martín. Son dentistas y tienen su consulta en la calle Serrano. Viven en Madrid.
Se llama Antonio Gutiérrez y es profesor de alemán. Da sus clases en la calle Montanilla Alta y vive en Oviedo.

FICHA 9:
1. 1. Qué. 2. Dónde. 3. Cómo. 4. Qué. 5. Cómo/dónde. 6. dónde. 7. Qué. 8. Cómo. 9. Cómo. 10. Qué.
2. 1. ¿De dónde eres? 2. ¿Cómo te llamas? 3. ¿Qué estudias? 4. ¿Dónde está Sevilla? 5. ¿Dónde vives? 6. ¿Cómo estás? 7. ¿De dónde sois? 8. ¿Cómo se escribe? 9. ¿Cómo se dice "hola"? 10. ¿Cómo se llama ella?
3. Ejercicio de respuesta abierta.

FICHA 10:
2. 1. Carmen. 2. Celso. 3. Quiroga.
3. Cé-sar, Ós-car, En-ri-que, Car-los, Mi-guel, Gui-ller-mo, Ol-ga, E-le-na, Jor-ge, Al-ber-to, Al-fre-do, Jo-sé, Be-go-ña, Ma-ru-ja, Pi-lar, Ma-til-de, A-na, A-sun-ción, A-li-cia, Car-men, Am-pa-ro.

2. (--)́-	1. (--)-́
César	Pilar
Óscar	Miguel
Enrique	José
Carlos	Asunción
Guillermo	
Olga	
Elena	
Jorge	
Alberto	
Alfredo	
Begoña	
Maruja	
Matilde	
Ana	
Alicia	
Carmen	
Amparo	

Libro de referencia gramatical. Claves.

TEMA 2

FICHA 11:
2. Ejercicio de respuestas abiertas. Sugerencias:
   1. El mar es azul. 2. La noche es negra. 3. El campo es verde. 4. La nube es blanca. 5. El sol es amarillo. 6. La canción es alegre.
3. Ejercicio de respuesta abierta.
4. Ejercicio de respuesta abierta. Sugerencias:
   En -s: gris... ; en -e: verde, interesante... ; en -l: azul, genial... ; en -a: rosa, naranja... ; en -o/-a: roja, guapo, amarillo...
5. 1. unos zapatos rojos. 2. unas flores blancas. 3. una falda corta. 4. un abrigo elegante. 5. unos cuadernos reciclados. 6. unas gafas negras. 7. unos bolígrafos modernos. 8. unos libros emocionantes. 9. un disco compacto de música moderna. 10. una bicicleta grande.

FICHA 12:
1. 2. una/la mujer, unas/las mujeres. 3. un/el señor, unos/los señores. 4. un/el viaje, unos/los viajes. 5. una/la casa, unas/las casas. 6. un/el buzón, unos/los buzones. 7. una/la ración, unas/las raciones. 8. una/la ciudad, unas/las ciudades. 9. un/el árbol, unos/los árboles. 10. una/la tortilla, unas/las tortillas.
2. 1. un. 2. el. 3. una, la. 4. la. 5. unos. 6. una. 7. la. 8. unos. 9. Las. 10. la.
3. 1. Ø, la. 2. Ø. 3. el. 4. Ø. 5. el. 6. Ø. 7. al. 8. Ø. 9. el. 10. la.

FICHA 13:
1. debajo, encima; delante, detrás; encima, al lado.
2. 1. Encima de la mesa hay un libro. 2. Delante de la ventana hay un sillón. 3. Encima de la tele hay una fotografía. 4. Detrás de la puerta hay un cuadro.

FICHA 14:
1. Algunas de las frases de este ejercicio son de respuesta abierta. Sugerencias: 1. más que. 2. menos que. 3. tan como. 4. más que. 5. más que.
2. Antonio tiene tantos años como Pepe./Antonio es tan joven como Pepe. Antonio pesa más que Pepe. Antonio tiene menos estudios que Pepe. Antonio habla menos idiomas que Pepe.

FICHA 15:
1. al campo; al supermercado; a la estación; al teatro; al ministerio; a la plaza. Del mercado; de la escuela; del trabajo; de la panadería; del cine; de la biblioteca.

FICHA 16:
1. 1. en. 2. a. 3. en. 4. en. 5. en.
3. 1. por. 2. a, en. 3. De, a. 4. por. 5. a. 6. de, a, en. 7. a, por. 8. en. 9. al, por. 10. a.

FICHA 17:
1. ¿Dónde hay un banco por aquí/una farmacia?; ¿dónde está el Museo del Prado/la casa de El Greco?; ¿dónde están las pirámides de Chichén-Itzá?
2. Está, hay, está, hay, hay, hay, están.
3. Está, está, están, hay, están, hay.

FICHA 18:
1. 1. siga, gire. 2. gire, siga, vaya. 3. siga, gire, gire. 4. ve, gira. 5. Sigue, gira.
2. Seguimos (nosotros/as), vas (tú), va (usted/él/ella), gira (usted/él/ella), sigo (yo), irán (ustedes/ellos/as).

Planet@ 1

FICHA 19:
2. Fuertes: coger, elegir, fingir, proteger, dirigir. Suaves: seguir, perseguir.
3. Seguir: sigo, sigues, sigue. Coger: cojo, coges, coge. Perseguir: persigo, persigues, persigue. Elegir: elijo, eliges, elige.
4. me-tro, ta-xi, au-to-bús, a-vión, co-che, ár-bol, bal-cón, ban-co, bu-zón, ca-fé, me-són, jar-dín, ca-lle, pla-za, cen-tral, ciu-dad.

2. (--)́-	1. (--)-́
árbol	autobús
metro	avión
taxi	balcón
coche	buzón
banco	café
calle	mesón
plaza	jardín
	central
	ciudad

Salud, comparación, marfil, virtud, después, jardín, jamás, principal, jabalí, ojalá, cantar, reloj.

TEMA 3

FICHA 20:
1. 2. Este. 3. Estos. 4. Esta. 5. Estas.
2. 2. Esa. 3. Esas. 4. Ese. 5. Esos.

FICHA 21:
1. Me gusta el cine/pasear/montar en bicicleta/jugar al ping-pong/la pintura/la música. Me gustan los amigos/los parques/los museos.

FICHA 22:
1. 1. le. 2. le. 3. mí. 4. nos. 5. te. 6. nosotros/as. 7. os.
2. 2. A Juan le gusta jugar al fútbol. 3. A mí me gusta ir al cine. 4. A nosotros nos gusta pasear por el campo. 5. A Antonio y a María les gusta el cine. 6. ¿A ustedes les gusta la música jazz? 7. A mí no me gustan los tomates.
3. 2. A mí también. 3. A nosotros/as también. 4. A Juan tampoco. 5. A María y a mí también. 6. A mí tampoco.
4. 2. A mí no. 3. A nosotros/as no. 4. A Juan sí. 5. A María y a mí no. 6. A mí sí.
5. Ejercicio de respuesta abierta.

FICHA 23:
2. 1. gusta, gusta, parece, gusta, parece. 2. parece, gusta. 3. gusta, parece. 4. gusta, gusta, parece, gusta. 5. gusta, parece.
3. (No) parecer interesante/bueno(a)/malo(a)/muy divertido(a)/bastante aburrido(a). (No) gustar bastante/un poco/nada.
4. 2. A mí la ópera me gusta mucho. 3. A mí el cine de aventuras me parece divertido. 4. A mí las novelas de ciencia-ficción me parecen muy interesantes. 5. A mí la literatura me gusta mucho.

FICHA 24:
1. 1. Qué. 2. Qué. 3. Qué. 4. Cuál. 5. Qué. 6. Qué. 7. Qué. 8. Cuál.

Libro de referencia gramatical. Claves.

FICHA 25:
1. 1. La. 2. Lo. 3. Los. 4. Las.
2. 1. Lo necesito para mi trabajo. Lo necesito para escribir los informes. 2. Ahora voy a comprarlo y voy a leerlo en el café. 3. Hoy hace una fiesta y la necesita para los invitados. 4. Quiero comprarme una chaqueta porque la necesito para una fiesta este fin de semana. 5. Necesito tu cámara de fotos porque quiero llevármela de viaje. ¿Me la dejas? 6. Me gustan estos pantalones y me los llevo.

FICHA 26:
1. harina, hierro, hilo, humo.
4. Man-za-na, plá-ta-no, ci-rue-la, na-ran-ja, to-ma-te, le-chu-ga, pa-ta-ta, al-ca-cho-fa, es-pá-rra-gos, sí-la-ba, sá-ba-do, a-zú-car.

3. (--)́--	2. (--)́-	1. (--)-́
plátano	manzana	
espárragos	ciruela	
sílaba	naranja	
sábado	tomate	
azúcar	lechuga	
	patata	
	alcachofa	

Las palabras del grupo 3 siempre se acentúan.

Zócalo, república, árboles, política, vínculo, estúpido, próximo, teléfono, música, cómodo, órbita, miércoles, pájaro, México, fantástico.

TEMA 4

FICHA 27:
1. 1. La una. 2. La una y cuarto. 3. Las dos. 4. Las tres y cuarto. 5. Las tres y media. 6. Las cuatro y veinte. 7. Las cinco menos cuarto. 8. Las cinco menos diez. 9. Las diez y diez. 10. Las siete y veinticinco.

FICHA 28:
1. 1. Las dos menos cuarto de la mañana. 2. La una y cuarto de la tarde. 3. Las tres y cuarto de la tarde. 4. Las siete de la mañana. 5. Las seis y veinte de la tarde. 6. Las once menos cinco de la mañana. 7. Las once menos diez de la noche. 8. Las seis menos veinticinco de la mañana.
3. 1. El martes dos. 2. En febrero de 1995. 3. El doce de enero de 1998. 4. El domingo 18 de enero de 1998. 5. En enero de 1952. 6. El catorce de febrero de 1999. 7. El sábado. 8. El veinticuatro de diciembre. 9. En 1972.

FICHA 29:
1. Salir: salgo, sales, sale, sale, salimos, salís, salen, salen. Hacer: hago, haces, hace, hace, hacemos, hacéis, hacen, hacen. Caer: caigo, caes, cae, cae, caemos, caéis, caen, caen. Tener: tengo, tienes, tiene, tiene, tenemos, tenéis, tienen, tienen.
2. 1. pongo. 2. sales, salgo, tengo. 3. tienes, tengo. 4. salgo. 5. haces, Hago, salimos.
3. Poner música/dinero. Salir por la noche/de casa. Hacer la comida/música/la cama. Tener un hermano/dinero.

FICHA 30:
1. Contar: cuento, cuentas, cuenta, cuenta, contamos, contáis, cuentan, cuentan. Recordar: recuerdo, recuerdas, recuerda, recuerda, recordamos, recordáis, recuerdan, recuerdan. Encontrar: encuentro, encuentras, encuentra, encuentra, encontramos, encontráis, encuentran, encuentran.

2. Volver: vuelvo, vuelves, vuelve, vuelve, volvemos, volvéis, vuelven, vuelven. Morder: muerdo, muerdes, muerde, muerde, mordemos, mordéis, muerden, muerden. Devolver: devuelvo, devuelves, devuelve, devuelve, devolvemos, devolvéis, devuelven, devuelven. Dormir: duermo, duermes, duerme, duerme, dormimos, dormís, duermen, duermen.
3. 1. cuenta. 2. Recuerdo. 3. pruebas. 4. solemos. 5. vuelves. 6. muerde. 7. devuelven. 8. duermo. 9. Juegas.

FICHA 31:
1. Empezar: empiezo, empiezas, empieza, empieza, empezamos, empezáis, empiezan, empiezan. Pensar: pienso, piensas, piensa, piensa, pensamos, pensáis, piensan, piensan. Despertar: despierto, despiertas, despierta, despierta, despertamos, despertáis, despiertan, despiertan.
2. Perder: pierdo, pierdes, pierde, pierde, perdemos, perdéis, pierden, pierden. Defender: defiendo, defiendes, defiende, defiende, defendemos, defendéis, defienden, defienden. Ascender: asciendo, asciendes, asciende, asciende, ascendemos, ascendéis, ascienden, ascienden.
3. Preferir: prefiero, prefieres, prefiere, prefiere, preferimos, preferís, prefieren, prefieren. Sentir: siento, sientes, siente, siente, sentimos, sentís, sienten, sienten.
4. 1. cierras. 2. Empezamos. 3. Pienso. 4. calientas. 5. Pierden. 6. Entendéis. 7. quieren. 8. enciende. 9. Defiendo. 10. miente. 11. Prefiere.
5. Yo quiero cenar en un restaurante el día de mi cumpleaños. La clase empieza a las 10. Ellos piensan ir a Mallorca de vacaciones. Nosotros cerramos la ventana porque hace frío.

FICHA 32:
1. Seguir: sigo, sigues, sigue, sigue, seguimos, seguís, siguen, siguen. Corregir: corrijo, corriges, corrige, corrige, corregimos, corregís, corrigen, corrigen. Elegir: elijo, eliges, elige, elige, elegimos, elegís, eligen, eligen.
2. 1. sirve. 2. repiten. 3. Pides. 4. Sigues. 5. Seguimos. 6. sirve. 7. repito.
3. La profesora corrige los errores. El camarero sirve las bebidas. Los estudiantes repiten los ejercicios.

FICHA 33:
1. Soy (yo), estamos (nosotros/as), doy (yo), digo (yo), oyes (tú), dices (tú), das (tú), oigo (yo), estoy (yo), somos (nosotros/as).
2. Yo soy de Barcelona. Yo estoy en paro. Yo estoy cansado/a. Yo oigo música. Yo oigo la radio. Yo doy las gracias. Yo doy dinero.
3. SER: 5. Son las cinco de la tarde. 6. Es de Pamplona, pero vive en Sevilla. 7. Es muy simpático y amable, pero a veces se enfada y…
ESTAR: 1. Está estudiando porque quiere terminar sus estudios. 2. Está cerca de Oviedo, a una hora en coche. 4. Estoy enfermo, tengo gripe.

FICHA 34:
1. -GO: poner, venir, tener, caer, decir, hacer. O → UE: contar, recordar, encontrar, soler, volver, dormir. E → IE: empezar, querer, entender, pensar, mentir, preferir. E → I: pedir, repetir, seguir, servir, corregir, despedir, elegir.
2. 1. Recordamos. 2. Queréis. 3. Sigan. 4. Hacemos. 5. Volvéis. 6. Empiezan. 7. Pedimos. 8. Tenéis. 9. Duermen.
3. El lunes por la mañana tiene una reunión con el representante japonés. Por la noche tiene la cena de cumpleaños de Luis.
El martes por la tarde come con la directora de Trabajonesa.
El miércoles por la mañana va de viaje a Barcelona. Allí tiene una reunión con Mercasa y vuelve a las cinco y media de la tarde. Por la noche va al cine. Se encuentra con César en el café a las diez y media de la noche.
El jueves por la tarde tiene un masaje. Por la noche pone la lavadora.
El viernes por la noche sale con Inés y van a la discoteca Punchi a bailar.
El sábado juega un partido de tenis con Mario. Después de echarse la siesta, por la tarde va a una fiesta a casa de Marta. Lleva un regalo.

Libro de referencia gramatical. Claves.

El domingo se va de excursión a La Pinilla con María. Salen a las 8 y media. Por la noche escucha un concierto en el Teatro Real.

FICHA 35:
  2. 1. me olvido. 2. me pierdo. 3. me acuerdo. 4. despedir. 5. despedirme. 6. voy a quedarme. 7. quedar.

FICHA 36:
  1. Cantar, cantando; correr, corriendo; decir, diciendo; hablar, hablando; hacer, haciendo; ir, yendo; leer, leyendo; oír, oyendo; pensar, pensando; poder, pudiendo; poner, poniendo; ver, viendo.
  2. 1. Contando. 2. Teniendo. 3. Eligiendo. 4. Dibujando. 5. Leyendo. 6. Cenando. 7. Comiendo. 8. Viendo. 9. Jugando. 10. Viniendo.
  3. 1. estás contándoles. 2. Está comprándose. 3. Estamos viendo. 4. Estoy leyendo. 5. Estoy comiendo. 6. Están viendo. 7. Están jugando.
  4. 1. Ahora estoy leyendo un libro muy interesante. 2. Últimamente no estás viniendo mucho por aquí, ¿no? 3. Juan está esquiando en la sierra. 4. En la actualidad nosotras estamos trabajando en una multinacional. 5. ¿Qué están haciendo ustedes ahora?
  5. Presente simple: a menudo, casi nunca, desde hace poco, en la actualidad, muchas veces, normalmente, nunca, siempre.
  Estar + gerundio: ahora, desde hace poco tiempo, en estos días, últimamente.
  6. 1. me levanto, me estoy levantando. 2. lees, estoy leyendo. 3. ve. 4. noto. 5. voy, estoy yendo. 6. estoy corriendo. 7. salgo, estoy saliendo.

FICHA 37:
  1. 2. Elena mañana no va a salir de casa. 3. El próximo año Joaquín va a viajar a Bolivia. 4. El día de mi cumpleaños nosotros vamos a cenar en un restaurante caro. 5. ¿Qué vas a hacer las próximas vacaciones? 6. ¿Ustedes van a ir al teatro?
  2. 1. Voy a levantarme/me voy a levantar a las 10. 2. Voy a acostarme/me voy a acostar pronto. 3. Voy a ducharme/me voy a duchar con agua caliente. 4. Voy a quedarme/me voy a quedar en casa. 5. Voy a despedirme/me voy a despedir de mis amigos. 6. Mañana voy a casarme/me voy a casar con mi novio/a.
  3. Este verano voy a viajar a Perú, ya tengo la reserva. Un día él/ella piensa hacer rafting, dicen que es muy divertido. En el futuro usted piensa ser médico/a o enfermero/a.

FICHA 38:
  2. Ár-bol, li-bro, di-fí-cil, Fer-nán-dez, lí-ne-a, en-tre-ga, es-cu-chan, re-cuer-da, so-fá, nor-mal, re-gu-lar, ca-fé, rá-pi-do, má-qui-na, so-ni-do, pa-la-bras.

3. (--)́--	2. (--)́-	1. (--)-́
línea	árbol	sofá
rápido	libro	normal
máquina	difícil	regular
	Fernández	café
	entrega	
	escuchan	
	recuerda	
	sonido	
	palabras	

Las palabras del grupo 2 se escriben con acento cuando no terminan en vocal (a, e, i, o, u), en "N" o en "S".

Dicen, hago, judío, semana, libro, cráter, hábil, cárcel, cama, cosa, fácil, lápiz, árbol, martes, acento, indio.

Planet@ 1

TEMA 5

FICHA 39:
1. 1. (Yo) he trabajado mucho. 2. Este fin de semana (ellos) han ido al campo. 3. Este verano (nosotros) hemos estado en la playa. 4. Ésta mañana (él) ha comprado el periódico. 5. ¿Han ido (ustedes) alguna vez a Sevilla? 6. ¿Dónde has estado este fin de semana?
2. Dicho, decir; satisfecho, satisfacer; roto, romper; escrito, escribir; puesto, poner; vuelto, volver; muerto, morir; visto, ver; abierto, abrir.
3. Tú has dicho una mentira. Él/ella estas vacaciones ha abierto una tienda. Nosotros/as este fin de semana no hemos hecho nada. Ustedes este fin de semana han visto una película buena.
4. Has estado, no he estado, ha dicho; Han ido, he ido; has viajado, he ido, he quedado, he ido; Han leído, lo he leído, lo he leído; Has visto, la he visto.

FICHA 40:
3. 2. ¿Has estado alguna vez en Bolivia? 3. ¿Cuántas veces has estado en Ecuador? 4. ¿Has visto el Museo Picasso? 5. ¿Has escrito algún libro? 6. ¿Has leído el *Quijote*?

FICHA 41:
1. 1. He estado trabajando. 2. He estado durmiendo. 3. Hemos estado hablando. 4. He estado contando.
2. 1. has hecho, Te he estado llamando, he estado arreglando. 2. he hecho, he salido.

FICHA 42:
1. Hablar: hablé, hablaste, habló, habló, hablamos, hablasteis, hablaron, hablaron. Beber: bebí, bebiste, bebió, bebió, bebimos, bebisteis, bebieron, bebieron. Vivir: viví, viviste, vivió, vivió, vivimos, vivisteis, vivieron, vivieron.
2. Pens/amos, sal/imos, tom/aron, ped/í, nac/ieron, escuch/é, val/ió, viv/iste, le/í, v/iste, habl/ó.
3. 2. ustedes/ellos/as. 3. yo. 4. yo. 5. nosotros/as. 6. Yo. 7. usted/él/ella. 8. tú. 9. nosotros/as. 10. ustedes/ellos/as. 11. tú. 12. usted/él/ella.
4. 1. escribí. 2. bailó. 3. visitamos. 4. compraron. 5. estudiaste.
5. Oír: oí, oíste, oyó, oyó, oímos, oísteis, oyeron, oyeron. Huir: huí, huíste, huyó, huyó, huimos, huisteis, huyeron, huyeron.
6. Nació en 1964. Estudió en la escuela elemental de 1969 a 1976. Asistió al instituto de 1976 a 1980. Estudió en la Universidad de 1980 a 1985. Empezó a trabajar en 1986.

FICHA 43:
1. Hizo (usted/él/ella), fuiste (tú), va (usted/él/ella), hicimos (nosotros/as), tuvimos (nosotros/as), hiciste (tú).
2. Hicieron (ustedes/ellos/as), fuisteis (vosotros), van (ustedes/ellos/as), hice (yo), tuve (yo), hicisteis (vosotros).

FICHA 45:
1. 1. fuimos, lo pasamos. 2. has hecho, he ido. 3. he estado, salí, volví. 4. Ha sido, Me he quedado, me ha llamado.
2. 1. Has estado, he estado. 2. ha estado, estuve. 3. Has viajado, Viajé. 4. Has visto, vi. 5. has visitado, vi.

FICHA 46:
2. 1. En España se cocina con aceite de oliva. 2. En España se come a las tres. 3. En España los viernes y sábados por la noche se sale a los bares.

FICHA 47:
1. 1. ¿Qué te gusta más, el té o el café? 2. El dinero no da la felicidad. 3. Él dice que tú mientes. 4. ¿Dónde está tu casa? 5. Sé que en España se come a las tres.

Libro del Alumno: "En autonomía". Claves.

CLAVES DE "EN AUTONOMÍA", Planet@ 1
(Libro del Alumno)

TEMA 1. LA DIVERSIDAD: *Todos somos extranjeros.*

1. 1. ¡Hola!, yo soy María, ¿qué tal?
   2. ¡Hola!, yo Juan
   3. ¿De dónde eres?
   4. Yo, de Barcelona, ¿y tú?
   5. Pues yo soy de Nicaragua.
   6. ¿Y qué haces?
   7. Soy médica.

2. ¿Cómo te llamas?; ¿De dónde eres?; ¿Qué haces?

3. 1. Se llama Rosa Sanchís Esquivel. Es cantante. Trabaja en Lima.
   2. Se llama José Pecharromán Martín. Es profesor de piano.
   3. Se llama Ana Sánchez López. Es quiromasajista.
   4. Se llama Ramón Fernández Fábrica. Es médico estomatólogo. Trabaja en la clínica Fortuna de Madrid.
   5. Se llama Osvaldo Miravalles. Es psiquiatra. Trabaja en Córdoba.
   6. Se llama Cecilia Juárez Paredes. Es directora administrativa. Trabaja en el Banco Central Hispano.

4. 1. ¿Cómo se llama?: usted. 2. ¿cómo te llamas?: tú. 3. ¿Cómo te llamas?: tú; ¿Y qué haces?: tú. 4. ¿Y a qué te dedicas?: tú. 5. ¿De dónde es?: usted. 6. ¿Y qué hace?: usted; ¿y a qué se dedica?: usted.

6. Ración, bollo, churros, tostada, zumo, leche, vino, bocadillo, tapa, cortado, tortilla, café.

7. Le/e; le/emos; viv/es; os llam/áis; pregunt/an; me llam/o; beb/e; beb/emos; escrib/e; aprend/éis; viv/o; abr/es; com/en; pregunt/amos; pregunt/as; habl/a; habl/áis; aprend/es; escrib/ís; escuch/o; com/es; escuch/amos; escrib/en.

8. Ciento cincuenta y cinco euros.

10. a.-2 (Él) se llama (Pepe), es banquero, hace muchos números y trabaja en un banco.
   b.-5 (Ella) se llama (Elsa), es profesora y enseña español en una escuela.
   c.-4 (Él) se llama (Víctor), es enfermero y trabaja en un hospital.
   d.-3 (Ella) se llama (Ana), es periodista.
   e.-7 (Ella) se llama (Manuela), es farmacéutica y vende medicinas.
   f.-1 (Él) se llama (Roberto), es taxista y trabaja en la calle.
   g.-6 (Él) se llama (Alejandro), es escritor y escribe novelas.

11. El día; el escritor; el bollo; la profesora; la tapa; el nombre; el café; la caña; el profesor; la tortilla; la universidad; la ración.

TEMA 2. LA CALIDAD DE VIDA: *por un hábitat mejor.*

1. Pepe va al banco para sacar dinero; va al estanco para comprar cigarrillos y sellos; va a la farmacia a comprar aspirinas; va al supermercado a comprar yogures, jamón de York y dentífrico; va a Correos para mandar un paquete; va a ... para encontrarse con su amigo.

4. detrás; debajo; a la izquierda; encima; a la derecha; delante.

5. 1. cojo. 2. sigues. 3. coge. 4. seguís, cogéis.

	COGER	SEGUIR	IR
Yo	cojo	sigo	voy
Tú	coges	sigues	vas
Él/ella/usted	coge	sigue	va
Nosotros/as	cogemos	seguimos	vamos
Vosotros/as	cogéis	seguís	vais
Ellos/as	cogen	siguen	van

TEMA 3. EL BIENESTAR: *consumidores conscientes.*

1. y 2. VENDEDOR/A
¿Qué le pongo?
¿De cuáles le pongo?
Sí, claro. ¿Quiere algo más?
Doscientas.

CLIENTE/A
Un kilo de manzanas
De las verdes. ¿Están buenas?
No, gracias. ¿Cuánto es?

4. 1. Lechuga. 2. Tomate. 3. Uvas. 4. Manzana. 5. Cebolla. 6. Patata.
A. Plátano. B. Naranja.

10. El coche, lo necesito.
La televisión, la necesito.
Los libros, los necesito.
Las tarjetas de crédito, las necesito.

12. 200 gramos de chorizo, jamón, queso, etc.
1 kilo de azúcar, harina, patatas, etc.
1/2 kilo de harina, azúcar, patatas, etc.
Un pollo, una berenjena.
Un, dos, tres filetes de ternera, cerdo, pollo.
Un paquete de arroz, harina, azúcar, leche.
Una botella de vino, vinagre, leche, aceite.
1/2 docena de huevos.
1 litro de vinagre, aceite, leche, vino.

TEMA 4. LA SOLIDARIDAD: *voluntarios sin fronteras.*

1. 6:35 Son las siete menos veinticinco de la mañana/las seis treinta y cinco.
6:30 Son las seis y media de la mañana/las seis treinta.
12:00 Son las doce (en punto) del mediodía / de la mañana. Son las doce cero cero.
13:20 Es la una y veinte de la tarde./ Son las trece veinte.
22:15 Son las diez y cuarto de la noche/ las veintidós quince.
22:45 Son las once menos cuarto de la noche/ las veintidós cuarenta y cinco.
23:05 Son las once y cinco de la noche/ las veintitrés cero cinco.

2. Dormir; cenar; comer; afeitarse; acostarse; ducharse; levantarse; despertarse.

Libro del Alumno: "En autonomía". Claves.

3. 1. Se despierta y se levanta. 2. Se ducha. 3. Se viste. 4. Desayuna. 5. Se lava los dientes. 6. Sale de casa/Se va a trabajar. 7. Va en moto a trabajar. 8. Trabaja. 9. Come. 10. Vuelve a trabajar. 11. Vuelve de trabajar en moto. 12. Compra/Hace la compra. 13. Toma unas cañas/ unas cervezas/unas copas/ algo con sus amigos. 14. Cena. 15. Se acuesta.

5. ir: yendo; comprar: comprando; decir: diciendo; correr: corriendo; cantar: cantando; vivir: viviendo; dormir: durmiendo; leer: leyendo; hacer: haciendo; volver: volviendo; escribir: escribiendo; oír: oyendo; trabajar: trabajando.

7. 1. Sí. A las ocho de la tarde/noche en la puerta del cine Rialto.
2. No. Ya ha quedado.
3. No. Maruja tiene muchísima prisa.
4. Sí. A las diez de la noche en el restaurante Pisco.

8. Anunciar una cita: *A ver si nos vemos./A ver si me llamas.*
Proponer una cita: *¿Te apetece venir a casa a tomar algo?/¿Por qué no cenamos juntos?*
Concertar una cita: *¿Cómo quedamos?/¿A qué hora nos vemos?/¿Y si vienes esta noche a mi casa?*
Aceptar:
Excusarse: *Es que tengo otra cita./Lo siento, es que ya he quedado.*

10. Me voy a casar dentro de dos meses: decisión.
Pues, yo pienso tener un hijo, no sé cuándo, pero uno: intención.
¡Por fin tengo dinero! Me voy a comprar un coche: decisión.
Este verano quiero viajar, quiero ir a Kenia: deseo.
Este fin de semana pienso quedarme en casa todo el día, estoy cansadísimo: intención.
Hoy voy a estudiar muchísimo, mañana tengo un examen dificilísimo: decisión.
Mañana quiero ir a ver la exposición de Frida Kahlo, dicen que es muy interesante: intención.

TEMA 5. EL RESPETO: *mujeres y hombres, coprotagonistas del futuro.*

1.

	acuerdo	desacuerdo
1.		X
2.	X	
3.	X	
4.		X
5.	X	

1. Yo creo que no es así.
2. Sí, es verdad.
3. Tienes razón.
4. No lo creo, yo creo que...
5. Estoy totalmente de acuerdo contigo.

6. *Estado,* de estar; *visto,* de ver; *trabajado,* de trabajar; *sido,* de ser; *dormido,* de dormir; *hecho,* de hacer; *ido,* de ir; *vuelto,* de volver; *comido,* de comer.

8.

	HABLAR	COMER	ESCRIBIR
(Yo)	hablé	comí	escribí
(Tú)	hablaste	comiste	escribiste
(Usted/él/ella)	habló	comió	escribió
(Nosotros/as)	hablamos	comimos	escribimos
(Vosotros/as)	hablasteis	comisteis	escribisteis
(Ustedes/ellos/as)	hablaron	comieron	escribieron

	TENER	HACER	IR
(Yo)	tuve	hice	fui
(Tú)	tuviste	hiciste	fuiste
(Usted/él/ella)	tuvo	hizo	fue
(Nosotros/as)	tuvimos	hicimos	fuimos
(Vosotros/as)	tuvisteis	hicisteis	fuisteis
(Ustedes/ellos/as)	tuvieron	hicieron	fueron

9.
1.-c Cervantes escribió el *Quijote*.
2.-b Colón fue a América.
3.-e Keops hizo la Gran Pirámide.
4.-g Cleopatra gobernó Egipto.
5.-i Madame Curie descubrió el radio.
6.-j Napoleón conquistó Europa.
7.-f César se enamoró de Cleopatra.
8.-k Simón Bolívar independizó países.
9.-d Fleming descubrió la penicilina.
10.-a Rigoberta Menchú ganó el premio Nobel.
11.-l Isadora Duncan modernizó la danza.
12.-m Indira Gandhi fue presidenta de gobierno.
13.-h Martina Navratilova ganó muchos campeonatos de tenis.

10. Todavía no ha ido al Museo del Prado.
Todavía no ha visitado el Jardín Botánico.
Todavía no ha ido de excursión a Segovia.
Todavía no ha visto el Palacio Real.
Ya ha estado en el Centro de Arte Reina Sofía.
Todavía no ha ido a un espectáculo flamenco.
Ya ha dado un paseo en barca en el Parque del Retiro.
Todavía no ha comprado algo típico.
Ya ha pasado una noche en los bares.
Ya ha visitado el Museo Thyssen.

CLAVES VERSIÓN MERCOSUR, Planet@ 1
(Libro del Alumno)

TEMA 1

REGISTRO FORMAL Y REGISTRO INFORMAL

1. a. 3,6; b. 1; c. 3,6; d. 2,5; e. 2,5; f. 4.

2.

	Formal	Informal
1. ¿Usted es brasileño?	X	
2. ¿Tú ya tienes los pasajes?		X
3. ¿Vos sos brasileño?		X
4. ¿Usted ya tiene los pasajes?	X	
5. ¿Vos tenés los pasajes?		X
6. ¿Tú eres brasileño?		X

3.

PORTUGUÉS			ESPAÑOL		
Pron.	Pers. Verbal	Registro	Pron.	Pers. Verbal	Registro
Tu	2ª	Informal	Tú	2ª	Informal
Você	3ª	Informal	Vos	2ª	Informal
O/A senhor/-a	3ª	Formal	Usted	3ª	Formal

USO DEL PRONOMBRE VOS

1. a. ¿Cómo te llamás? b. ¿De dónde es (usted)? c. ¿A qué te dedicás? d. ¿Dónde vive (usted)? e. ¿Tiene teléfono? f. ¿Sos ingeniero?

2, 3 y 4. Ejercicios de respuesta abierta.

TEMA 2

1. Comprar pan, medialunas y tortas, en la panadería.
Comprar cigarrillos, caramelos, diarios y revistas, en el quiosco.
Comprar estampillas, en el correo.
Comprar nafta, en la estación de servicio.
Comprar leche, manteca, café, azúcar, aceite, etc., en el supermercado o en el almacén.
Alquilar una película en el vídeo.

ARTÍCULOS

1. La leche, la radio, la sal, la sangre, la legumbre, la nariz, la costumbre.
El mensaje, el viaje, el pasaje, el puente, el color, el dolor.

2. Columna A: femenino.
Columna B: masculino.

3. Portugués: -umen / -agem.

4. a. el-negro; b. la-fría/tibia; c. los-divertidos; d. el-caro; e. un-extraño/extenso; f. del-largo/viejo-claras; g. una-antigua; h. la-larga; i. una- nueva.

5. a. el-fresca/sucia/limpia; b. el-protegida; c. el-afilada; d. el-herida; e. el-limpia/sucia.

6. el.

7. a. las-frescas/sucias/limpias. b. las-protegidas. c. las-afiladas. d. las-heridas. e. las-limpias/sucias.

FALSOS AMIGOS

1. Largo-a, a; estar enojado-a, a; oficina, b; taller, b; estar aburrido-a, b; exquisito-a, a; distinto-a, a; engrasado-a, b.

2. a. larga; b. taller; c. oficina; d. cubiertos; e. larga; f. exquisito; g. exquisita; h. enojado; i. aburrido.

HABER – TENER – ESTAR

1. a. este departamento; b. ø; c. esta avenida; d. ø; e. el baño y los dormitorios.

2. haber= existir / tener= poseer.

3. a. En el libro no hay fotos. b. El dormitorio no tiene armarios. c. Juan me contó que su escuela no tiene suficientes computadoras. d. En la ciudad donde nací hay apenas 1.500 habitantes.

4. a. ø; b. el; c. un; d. una; e. ø; f. las; g. la.

5. a. Hay, está; b. hay, están; c. tiene, está; d. hay; e. tiene; f. tiene.

TEMA 3

2. pimientos-morrones / patatas-papas / plátanos-bananas / melocotones-duraznos / piña-ananá / judías-porotos.

LOS DEMOSTRATIVOS

1. a. hablante; b. oyente; c. hablante y oyente.

2. A. aquella; B. este, aquel; A. este; B. esa; A. estos; B. estos, esos; A. esta, esa, aquella; A. estos; A. Esa; B. esta.

3. Práctica oral. Ejercicios de respuesta abierta.

PRONOMBRES COMPLEMENTO

2.
                        x verbo conjugado
                            infinitivo x

                  x verbo conjugado + infinitivo x
                  x verbo conjugado + gerundio x

Libro del Alumno: Claves Versión Mercosur.

3.

| X verbo conjugado - |

Luiza me disse isso hoje. (usual)

| - verbo conjugado X |

Luiza contou-me o problema. (literario)

| X infinitivo - |

É muito tarde para se fazer isso. (usual/literario)

| -v. conj. + inf. - |

Isso te pode prejudicar. (usual)
Isso pode te prejudicar. (usual)
Isso pode comprometer-te. (literario)

| X v. conj. + ger. - |

Eu estava te contando a verdade. (usual)
Ele estava contando-me uma mentira. (literario)

En portugués coloquial de Brasil, los pronombres átonos tienden a desaparecer, y la TV, las músicas grabadas y el cine lo reflejan cada vez más. La literatura moderna también se aparta de lo "literario clásico" en este aspecto.

Ela disse que eu nunca amei-a. (literario)
Me falou que eu nunca amei ela. (incorrecto, absolutamente usual)
Eu o vi ontem à tarde. (usual)
Vi-o na rua à noite. (literario)

4. a. Quiero comprarme un vestido/me quiero... b. No lo puedo llamar mañana/no puedo llamarlo. c. La recibí ayer y me olvidé de mandarla. d. Lo estoy buscando y no lo puedo encontrar/estoy buscándolo y no puedo encontrarlo. e. Este fin de semana voy a llevarlos al cine. f. Estoy pidiéndote diez días de plazo/te estoy pidiendo... g. Te llamo para contarte lo que me pasó.

===== TEMA 4 =====

VOCABULARIO Y EXPRESIONES UTILIZADAS EN ARGENTINA

1. b; 2. a; 3. g; 4. c; 5. e; 6. f; 7. d.

VERBOS DE ASEO PERSONAL

1. se despierta, se levanta, se baña, se cepilla; se maquilla, se peina, se recoge, desayuna, se viste, sale.

2, 3 y **4.** Ejercicios de respuesta libre.

===== TEMA 5 =====

EL USO DEL PRETÉRITO PERFECTO Y DEL PRETÉRITO INDEFINIDO EN HISPANOAMÉRICA

2. hemos tenido; 3. hizo, expresó; 4. ha nombrado; 5. he estado 6. jugó.